区域技术创新影响因素、网络特征及空间效应研究

曹 薇 著

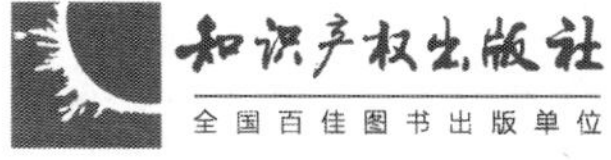

图书在版编目（CIP）数据

区域技术创新影响因素、网络特征及空间效应研究 / 曹薇著．—北京：知识产权出版社，2018.9

ISBN 978-7-5130-5895-7

Ⅰ．①区…　Ⅱ．①曹…　Ⅲ．①区域经济—技术革新—研究—中国　Ⅳ．① F127

中国版本图书馆 CIP 数据核字（2018）第 230105 号

内容提要

本书主要围绕区域技术创新影响因素、网络特征及空间效应展开讨论。运用系统化思想，以区域技术创新为主线，采用多种规范分析和实证分析相结合的方法甄选区域技术创新关键影响因素指标体系，诠释区域技术创新网络特征，并以科技型人才聚集为视角，解析区域技术创新空间效应，本书的研究以期为区域创新发展提供一定理论指导。

责任编辑：于晓菲　李　娟　　　　**责任印制**：孙婷婷

区域技术创新影响因素、网络特征及空间效应研究

QUYU JISHU CHUANGXIN YINGXIANG YINSU, WANGLUO TEZHENG JI KONGJIAN XIAOYING YANJIU

曹　薇　著

出版发行：知识产权出版社有限责任公司	**网　　址**：http：//www.ipph.cn
电　　话：010-82004826	http：//www.laichushu.com
社　　址：北京市海淀区气象路 50 号院	**邮　　编**：100081
责编电话：010-82000860 转 8363	**责编邮箱**：yuxiaofei@cnipr.com
发行电话：010-82000860 转 8101	**发行传真**：010-82000893
印　　刷：北京中献拓方科技发展有限公司	**经　　销**：各大网上书店、新华书店及相关专业书店
开　　本：787mm × 1000mm　1/16	**印　　张**：14.75
版　　次：2018 年 9 月第 1 版	**印　　次**：2018 年 9 月第 1 次印刷
字　　数：189 千字	**定　　价**：68.00 元

ISBN 978-7-5130-5895-7

前　言

本书主要围绕区域技术创新影响因素、网络特征及空间效应展开讨论。本书内容包含四篇。第一篇是导论，论述区域技术创新理论的研究脉络、相关理论基础、选题背景、选题意义、全书研究思路，以及基本内容安排。第二篇是区域技术创新影响因素分析，在区域技术创新差异分析基础上，主要运用理论分析和实证分析相结合的研究方法系统分析了区域技术创新影响因素的组成，结合指标体系构建原则，构建了影响因素的指标体系，并通过变量筛选，甄别关键影响因素，最终实证分析了区域技术创新影响因素与产业转移之间的非线性关系。第三篇是区域技术创新网络特征分析，主要运用探索性空间数据分析与空间回归分析相结合，论证了区域技术创新系统的空间分布构成，同时运用社会网络方法对区域技术创新环境发展状况进行测评，在此基础上，借助区域承接产业转移对区域技术创新的发展作用，通过产业空间关联网络，利用金融发展、资源禀赋两张网络图对比分析区域承接产业转移对创新网络的影响。第四篇是区域技术创新空间效应分析，主要从科技型人才聚集视角对空间效应进行检验，通过科技型人才聚集的核心区域，以及核心区域的辐射区域的确定，解析区域技术创新的空间效应。

本书运用系统化思想，以区域技术创新为主线设计全书的总体写作框架，内容融汇了笔者发表的相关论文及所指导研究生的部分有关成果，并将相关研究论文、部分研究报告内容（作者主持的山西省软科学项目“金融发展、资源禀赋与区域承接产业转移差异研究”与山西省哲学社会科学项目“复杂网络视角下资源型城市创新发展研究——以山西省为例”）进一步总结完善、文字润色后纳入框架。特别感谢太原理工大学经济管理学院姚西龙老师给予的支持，感谢太原理工大学经济管理学院硕士研究生邱荣燕、刘春虎为本书的编写做出的积极贡献，感谢硕士研究生薛秋霞做的部分图表和文字的校对工作，感谢知识产权出版社的于晓菲编辑对本书的出版给予的支持与帮助。

本书在编写过程中参阅了大量中外文献资料，在此，对国内外有关学者表示诚挚的感谢。

由于作者水平所限，书中可能存在不足之处，同时，拙作虽几经校对，仍难免有疏漏之处，敬请各方专家学者批评指正。

曹　薇
2018 年 7 月

目　录

第一篇　导　论

第二篇　区域技术创新影响因素分析

第三篇　区域技术创新网络特征分析

第一篇

导　　论

第一章　区域技术创新理论的由来与发展

本章主要通过对国内外文献资料的收集整理，梳理了区域技术创新理论的渊源、研究脉络；同时，重点对与本书研究内容的相关概念予以界定。

第一节　区域技术创新理论渊源

自约瑟夫·熊彼特（Joseph Schumpeter）在《经济发展理论》（1912）中提出“创新”概念之后，学界对创新理论进行了不断的探索。技术创新是经济可持续发展的必经之路，是经济增长的内生动力。区域技术创新是经济地理学的一个新领域，也是区域经济发展水平差异的来源。区域技术创新理论主要通过古典主义学派、内生增长理论、制度经济学派、国家系统学派、演化学派、创新地理学派、空间经济理论等经济体系的展开得到深化发展。

古典经济增长理论认为技术是外生的，而由此带来的稳态增长率是不可掌控的。早在亚当·斯密（Adam Smith）的《国富论》和马克思的《资本论》中已经体现出区域技术创新理论和市场良性互动循环机制的萌芽思想。由生产分工的精细推动技术进步，引发市场拓展和经济增长的正向循环，是一个地区生产力逐步提高的根基。随后，罗伯特·索罗（Solow）在《在资本化过程中的创新：对熊彼特理论的评述》一文中提出，要素投入增长带来的“增长效应”和技术进步带来的“水平效应”是经济增长的两大源泉。它开创性地将技术进步作为平行于资本、劳动的独立要素存在，强调了技术进步是经济增长的发动机，但又假定技术进步是外生的，并没有解释技术进步的原因。

内生增长理论试图解释经济发展的决定性因素是可控的，该理论最大的价值在于开创了以“技术创新”为视角来研究经济发展的动力机制，并以此为经济增长的源泉形成了一系列的理论体系和研究范式。它区别于古典经济增长理论，其核心观点认为：经济增长是经济系统内部存在的驱动力带来的，这种内在驱动力的一个主导因素就是技术创新，内部因素之间共同作用的结果，这种增长具有可控性、可调节性，可以通过人为的努力而加以控制。内生增长理论起源于1986年罗默（Romer）的《递增收益和长期增长》以及卢卡斯（Lucas）的《论经济发展机制》；同时，内生增长理论对“创新”的复杂性提出了新的命题。

空间经济学也称为新地理经济学，对于技术外部性问题的解释衍生出全域溢出模型和局部溢出模型。其中，全域溢出模型主要从时间维度关注技术创新的外部性，认为技术的外溢性是全局均等化的，不存在空间的衰减性。而局部溢出模型主要从空间维度关注技术创新的外部性，认为技术外溢随着地理距离的加大而逐渐衰减，只有本地和邻近地区的技术创新才能被充分利用。该领域的研究主要集中于资源在空间的配置问题和经济活动的区位选择问题。随后，藤田昌久（Masahisa Fujita）、保罗·罗宾·克鲁格曼（Paul R. Krugman）和安东尼·J·维纳布尔斯（Anohony J. Venables）在《空间经济学——城市、区域与国际贸易》一书中将这一思想进行了深化，提出了从技术创新来看，空间经济学主张通过非均衡发展战略实现技术创新集聚区的形成，带动整个经济系统的技术水平提高。

制度经济学由戴维斯和诺思在《制度变革和美国经济增长》一书中提出，该理论本质上是制度经济学和内生经济增长理论结合的产物。该学派的核心观点是：经济增长的关键在于建立一种有效的资源配置机制，从而优化技术创新的制度环境。

经济增长理论的又一伟大贡献在于，认为技术水平是各国经济差异的主要原因。国家如何提高技术水平，怎样高效率地引进和吸收、加工和增值技术，是国家创新系统研究的根基。国家系统论建立在技术创新轨道的转型基础上，研究发现在企业内部技术创新之外，企业之间形成的外部信息交换和协调，有利于克服技术创新能力局限和信息不对称性，从而降低研发中的市场不确定性，企业外部环境之间的联动带来了网络式技术创新模式的兴起，区域创新和产业集聚的结合是系统论的一个奠基。同时，从更高层面将网络化应用在国家创新层面，甚至全球化层面，延展出“国家网络”“地区网络”“创新网络”。技术创新的国家系统论成功经验来自 20 世纪 80 年代的日本，代表人物及著作包括弗里曼（Freeman），著有《技术和经济运行：来自日本的经验》；理查德（Richard）著有《国家创新系统》。该学派主要以某一国家为研究对象，研究了各自部门之间的结合方式和效率，但欠缺国家之间的比较。

国家系统论是演化经济学的一个分支学科，演化经济学派认为创新是一个复杂、长期、持续的过程，是在时空演变过程中各种因素相互交叉、网络化的反馈环路，非线性不可逆，是各个因素交互作用的社会过程。演化经济学派提倡系统、效率、制度、结构的根源和主张。演化经济学的主张集中在企业理论、网络经济和国家创新体系方面的研究，这些方面是微观、中观、宏观层面“质”的经济政策的主要组成元素。演化经济学后来又发展出进化经济学学派，该学派提出了“经济学是一种进化的科学”。演化经济学往往与其他经济学派思想交叉产生，一般认为内生增长理论中的熊彼特学派、制度经济学派、政治经济学派和自由市场学派相互交叉，区域经济学发展中的生产要素的流动性、产业集聚扩散理论和城市层级体系的演化理论均以该思想为基础。

将地理学和创新相结合的是创新地理学派，该学派重点关注了技术创新对区域结构的影响机制、制度创新的区域分析、R&D 的组织区位选择、创新的空间集聚、扩散和外溢机制、高新产业园区的发展和规划等问题。创新地理学派主要从集聚、扩散两个角度强调了空间因素对技术创新的关键作用，阐述了创新集聚和效率必须以地理空间为依据，以多样性下的技术空间相互作用为基础，阐明了地理空间层面上技术外溢和创新能力时空分异关系的重要性。

总之，区域技术创新理论按照时间顺序依次经历了古典学派，以熊彼特创新理论为核心的内生增长学派，以技术创新环境为核心的制度经济学派，以全局为视角的国家系统学派，以空间动态演变为视角的演化学派，纳入地理因素的创新地理学派；技术创新理论的演化范式遵循从技术创新外生向内生演变，从技术创新的全局均等性向局域异质性发展，从技术创新静态向动态演化视角延展，从线性创新向网络化创新转变，从个体创新向集群创新发展。区域技术创新理论最新进展向内生、动态和异质性的发展也是一个逐渐高端化、技术难度化的过程。

第二节　区域技术创新相关概念的界定

一、区域技术创新的界定

区域是指地球表面上一定的地域空间。它是按照一定的标准划分的连续而有限的空间范围，是具有自然、经济或社会特征的某一方面或几个同质性的地域单位，是人类存在和发展的基础。从区域角度来研究创新问题时，对于区域范围的界定，取决于将要研究的社会问题类型。当在一定范围研究技术创新时，就变成了区域技术创新，此时的区域，没有明确的大小范围的确定，而是取决于研究者研究的目的和社会问题的类型。胡佛（Hoover）[1]根据内部的性质对区域技术创新中的区域进行了划分，同时，他也认为可以将有用的一个地区当作一个区域，当作一个整体。与胡佛（Hoover）不同，库克（Cooke）[2]从分工和联系的角度，对区域进行划分，他将区域划分为生产企业、研究机构和教育机构等。寻晶晶[3]则从行政或经济方面对区域进行划分，以促进本区域内的经济发展为目的来进行技术创新。李涛[4]则没有明确规定区域的划分界限，而是认为区域技术创新中的区域是一个不明确的范围，可以根据研究者的目的和研究视角，进行人为的界定。

借鉴吴贵生等学者[5]所界定的区域创新体系定义，区域创新体系是由技术创新相关行为主体之间的联系及其运行机制和制度组成的网络系统。同时，基于我国学者傅家骥[6]在《技术创新学》中所界定的技术创新，以及上述学者的认识，可以将区域技术创新包含的内容归纳为创新主体、创新对象、创新方式、创新成果、创新范围。结合目前我国所处的环境，此处，对区域技术创新作以下定义：一定区域的创新主体，在当地现有的资源禀赋条件下，基于区域创新环境直接或间接地参与区域技术创新活动，对现有的技术进行创新改造，对区域内的资源进行创造性的改造，将创新投入转化为新的产品、新的工艺，并实现市场化的一系列活动的过程，区域技术创新是区域创新体系的核心部分。本书中的“区域”特指省（自治市、直辖区，不包括港澳台地区）域和我国东、中、西三大区域。

二、区域技术创新能力的界定

区域技术创新能力是区域技术创新系统的一个研究方面。它是衡量区域技术创新实力强弱的一个重要指标，是一个主体在日益激烈的市场竞争中把握主动权的重要因素。

目前，我国对区域技术创新能力没有明确的定义，但可以归纳为三点。第一，是指本区域内现有的进行技术创新的能力。如黄鲁成[7]和中国科技发展战略研究小组[8]认为区域技术创新能力指的是在本区域范围内，以本区域所能承受的技术能力为基础，实行产品创新和技术创新的现有能力。金高云[9]认为，区域技术创新能力是在国家现有的政策下，在一定区域范围内，创新主体能够利用现有资源，将各类生产要素重新组合，进而创造出新产品、新工艺的现有能力。它能够全面地反映一个地区科学技术和经济发展状况。伦德瓦尔（Lundvall）[10]认为区域技术创新能力是将知识和技能有效结合，从而生产出新产品的能力。第二,是指本区域内能够提供给区域技术创新能力的潜在能力。如斯坦恩（Stern）、波特（Porter）和弗曼（Furman ）[11]认为，区域技术创新能力是指能够为本区域提供技术创新条件的潜在能力，其中，最重要的因素是 R&D 存量。徐辉等[12]从目的出发，以提高区域内经济发展水平为宗旨，指出区域技术创新能力是力求将新思想转变为新技术的一种潜在能力。第三，是指能够为区域技术创新能力提供可持续的条件的源泉，它不能被复制、转移和购买。如里德尔（Riddel）等学者认为区域技术创新能力是区域内的这样一种能力，它具有以下特点：它能够持续地被开发出来，能够创造出新事物，一般伴随着对利益的追求，简而言之具有持续性、创新性，并与商业利益有关。

总结学者们的观点可以得出，区域技术创新能力不仅是现有的进行技术创新的能力，而且包括经济发展的潜力，具有不可复制性。因此，本书对区域技术创新能力的概念界定为：一定区域内的创新主体，根据本区域所具有的资源，创造出新产品或对旧产品进行改造的一种不可复制的现有能力和潜在能力。

三、区域技术创新环境的界定

技术创新总是在一定的创新环境中进行。所谓技术创新环境，是指与技术创新系统有物质、能量、信息交换的系统，主要包括支撑系统、教育与培训环境、基础研究与应用研究环境、制度环境、政策环境、市场环境、情报信息与服务环境等[13]。区域创新环境对于技术创新具有重要的决定性作用。一方面，区域创新环境作为基本条件可限制技术创新主体的行动取向和范围；另一方面，区域创新环境又可为创新行为提供条件和工具。区域创新环境并不是孤立存在的，而是在创新主体的行动和关联中存在和发展的。它是一个地区内与技术创新扩散行为相关并影响创新效果的各种条件的总和。那么，在一个确定的范围内，在制度体系及科技资源投入确定的情况下，决定区域内技术创新产出高低的关键是区域创新环境的优劣。因此，对于区域技术创新环境的界定，将从区域创新环境研究内涵基础上进行分析，具有一定的借鉴意义。

区域创新环境由欧洲创新研究小组（GREMI）于1985年率先提出。随后，不同学者对此概念从不同角度进行了界定，国外学者对区域创新环境的界定更多的是将创新环境根植于社会网中，认为它是由多个社会网交织而成的复杂网络。艾达洛（Aydalot [14]）将创新环境描述成导致创新的区域制度、规则和实践系统，该系统协调着区域的各种行为者组成的投入产出网络。与美国经济社会学家格兰诺维特（Granovetter）提出的根植性（Embeddedness）思想相似，这些学者强调创新网络根植于特定的创新环境之中。加玛尼（Gamagni [15]）认为区域创新环境是地方生产系统、各种参与者和它们的代表，以及产业文化通过一组关系（市场关系、权力关系、合作关系等）或网络统一起来，产生地方化的动态的集体学习过程。格拉特(Maillat [16])认为创新环境是指企业外部的技术、文化、技能、劳动力市场等非物质的社会文化因子。斯托珀尔（Storper [17]）认为创新环境是指促使创新的区域性制度、规则和惯例的系统，它所强调的是生产者（企业）、研究者、政治家等之间与企业间为促进创新而形成的复杂的网络关系。

国内学者更多地将创新环境界定为一个复杂的社会系统。国内对创新环境的研究起步较晚，最早由学者王缉慈 [18] 提出的，他将创新环境定义为一种社会文化环境，包括大学、科研院所、企业、政府机构等行为主体在长期合作交流中所形成的稳定的系统。王缉慈 [19] 认为这种互动关系可以提高企业的创新绩效，创新环境是培育创新及创新型企业的场所。同时，他认为区域创新环境是发展高技术产业所必需的社会文化环境，是地方行为主体之间在长期正式或非正式的合作与交流的基础上所形成的相对稳定的系统[20]。盖文启[21]认为区域创新环境应该包括两方面的含义：一是促进区域内企业等行为主体不断创新的区域环境；二是为进一步促进区域内创新活动的发生和创新绩效，区域环境随时进行的自我创新和改善的过程。蔡秀玲[22]认为创新环境是国家政策与法规、管理体制、市场和服务的统称，是指为创新提供规则和机会的体制和结构因素。黄桥庆等[23]将区域创新环境理解为在特定的区域内各种与创新相联系的主体要素（产生创新的机构或组织）、非主体要素（创新所需的物质条件），以及协调各要素之间关系的制度及其政策的总和。尽管在区域创新环境所下的定义方面有一些差异，但中外学者普遍认为创新环境是一个动态的发展过程。区域发展的差异性越来越多地受制于区域发展的非物质、非贸易的区位因素，它们构成区域创新环境的内容，创新环境的质量和优势则决定了区域创新的基础条件及区域吸引和留住各种流动性资源的黏性[24]。

综上，本书所界定的区域技术创新环境主要是从区域创新环境与区域技术创新产出关系出发，区域技术创新环境是一个动态的发展过程，不仅包括经济要素，而且包括各种非经济要素。区域技术创新环境是技术创新主体进行创新的约束系统，良好的区域技术创新环境有利于优化、整合区域内的创新资源，推动创造新知识，生产新产品，提供新服务，并将这些新产品或服务成功地推向市场，从而形成持续的、大规模的经济增长效应，推动区域经济持续发展。区域技术创新环境受多种因素的影响，适宜的技术创新环境有利于政府进行环境要素的合理配置，可以提高区域技术创新能力，促进经济和谐、健康发展。

第二章　相关理论基础

本章主要从区域技术创新影响因素、区域技术创新网络特征、区域技术创新空间效应涉及的相关理论予以阐述，为全书的研究奠定理论基础。

第一节　区域技术创新影响因素理论基础

一、内生经济增长理论

继新古典经济增长理论的出现，1986 年，罗默（Romer）发表了《递增收益与长期增长》一文，这就是后来的内生经济增长理论，也叫新经济增长理论。这一理论通过把储蓄率及人口增长率等外生技术内生化，从而重点突出内生技术进步这一假设在区域经济增长理论和模型中所起到的作用。

罗默对 Solow 模型进行了改进，提出了知识外溢增长模型，它假设存在一个特定的知识性生产部门，增加对其投入以后也增加了知识的产出，从而促进生产部门的产出。在罗默的研究结果中，他认为如果一个地区初始产出很高，也就是该地区非常富裕，那么该地方的人均知识资本量也就很高，相应的人均产出也很高。在这一结论中，罗默强调技术进步这一因素是模型内生给定的。后来，卢卡斯（Lucas）在上述研究基础上首次尝试把人力资本这一变量因素引入模型中，结果表明人力资本的高低也会影响产出水平，如果一个区域人力资本较高势必会有较高的产出，反之则产出水平较低。

二、区域技术创新理论

区域技术创新是经济地理学的一个新领域，也是区域经济发展水平差异的来源。区域技术创新理论按照时间顺序依次经历了古典学派、以熊彼特创新理论为核心的内生增长学派、以技术创新环境为核心的制度经济学派、以全局为视角的国家系统学派、以空间动态演变为视角的演化学派、纳入地理因素的创新地理学派；技术创新理论的演化范式遵循从技术创新外生向内生演变，从技术创新的全局均等性向局域异质性发展，从技术创新静态向动态演化视角延拓，从线性创新向网络化创新转变，从个体创新到集群创新发展。区域技术创新理论最新进展向内生性、动态性和异质性的发展也是一个逐渐高端化、技术难度越来越大的过程。

区域技术创新体系之所以能够促进技术的进步，实质是通过系统内的各要素联动，推动了各个地区之间的人力资本流动，技术扩散，产业结构调整，进而催生了新工艺、新技术和新产品的升级换代，并取得较高的技术垄断利润，有效地促进了地区技术创新效率和技术进步。同时，除了创新要素的流动、扩散带来的技术创新能力提高，外部的自然资源环境、市场环境、制度环境、经济技术基础也会对技术创新产生至关重要的影响[25]。

三、门槛回归模型

波兰学者鲍·马利士（B. Malish）于 1963 年提出门槛理论，也叫作临界分析理论，用于研究城市进程中的某些制约极限，并把这种极限称为城市发展的门槛或临界。此后，在城市规划应用领域中门槛理论得到了进一步发展，成为门槛分析方法，其具体步骤为：① 明确所要研究的具体区域及其界限；② 对城市发展过程中的主要影响因素进行分析；③ 通过定性分析与定量分析确定出门槛线；④ 对分析结果进行综合评价并为城市发展制定出相应的措施。

门槛分析方法由于其较为简单明了而被人们广泛应用于城市规划的众多领域，同时，门槛理论富有弹性，因而对不同的研究对象来说都能够进行分析和研究。就概念而言，“门槛”是指某个事物在其发展进程中所出现的临界值，这不仅局限于城市发展，而且在社会经济发展过程中的各个方面都有可能出现。许多经济学者在研究经济问题时引入了门槛理论，用于分析经济因素对经济发展的影响程度，进一步拓宽了门槛分析方法的应用范围。1999 年，汉森（Hansen [26]）提出了门槛模型的具体估计方法，并通过软件程序对门槛变量的门槛值进行了内生性的测算，这使“门槛理论”得到了更加广泛的使用。

现有的门槛模型大致可以分为三种：第一，模型中只有一个门槛变量和一个门槛值，即按某个门槛变量的取值把模型分为两段；第二，模型中有一个门槛变量和多个门槛值；第三，根据门槛指标模型，门槛变量由多个变量合成，按合成的门槛变量将样本分段。第一类模型的优点在于简单明了，计算方便，但简单地分为两段不能很好地拟合非线性特征。第二类模型可以更好地拟合实际问题，但计算较为复杂。第三类模型用了几个变量的信息来构造门槛，但合成的门滥变量在实际问题中可能难以解释。本书主要借鉴汉森建立的非线性面板门限模型进行实证分析。

汉森将面板门限模型的具体形式设定为：

$$Y_{it}=\begin{cases}\mu_{i}+\beta_1' x_{it}+e_{it}, q_{it}\leqslant\gamma \\ \mu_i+\beta_2' x_{it}+e_{it}, q_{it}>\gamma\end{cases}, i=1,2,3,\cdots,k,n. \tag{2-1}$$

式中，Y_{it} 为模型的被解释变量，x_{it} 为模型的解释变量，q_{it} 为门槛变量，它既可以是解释变量中的一个回归元，也可以是一个独立的门槛变量，γ 为门槛值，μ_i 为个体效应，e_{it} 为残差，i 为个体，t 为时间。简化方程组（2–1），可得：

$$Y_{it}=\mu_i+\beta_1' x_{it} I(q_{it}\leqslant\gamma)+\beta_2' x_{it} I(q_{it}>\gamma)+e_{it} \tag{2-2}$$

式中，$I(\cdot)$ 为示性函数。β_1'、β_2'、γ（门槛值）为待估参数，对式（2–2）进行 OLS 估计可得到残差平方和，其对应的最小门限值为：γ=arg min $S_1(\gamma)$。确定门槛值以后，就可求得 β_1'、β_2'、γ 的估计值。

该门槛模型有以下优点：第一，可刻画一定的非线性特征，只要分段足够多，门槛模型可以用于逼近任何一个非线性函数。第二，模型简单，门槛模型是几个简单线性模型的合成。第三，与一般非线性模型相比，由于门槛值和门槛数量是由样本内生决定的，因而不需要给出模型的非线性形式，计算简单，模型有更强的解释性。第四，此模型通过提供渐进分布理论来建立门槛参数的置信区间,而且可以运用“自抽样”方法来检验门槛值的显著性。由于这些优势，门槛模型在实际中得到广泛应用。

在门槛效应估计中，需要重点解决的问题有两个：一是估计门槛值和重点考察变量的回归参数；二是对模型估计出的门槛值进行相应的显著性检验。

以上为单一门槛的情况，然而在实际生活中可能出现多门槛的情况，以双门槛模型为例，其估计方程为：

$$Y_{it}=\mu_i+\beta_1^{'}x_{it}I(q_{it}\leqslant\gamma_1)+\beta_2^{'}x_{it}I(\gamma_1<q_{it}\leqslant\gamma_2)+\beta_3^{'}x_{it}I(q_{it}>\gamma_2)+e_{it} \qquad (2-3)$$

估计方法：先假定单一门槛模型中估计出的为双重门槛中的第一个门槛，再进行 γ_2 的搜索，估计与检验的方法与第一门槛值相同，得到第二个门槛值的残差平方和最小时对应的 γ_2，然后对 γ_2 进行门限检验。

第二节　区域技术创新网络特征理论基础

创新是经济增长和发展的重要引擎和源动力，有学者将创新称为推动资本主义制度和自由市场经济发展的“第四种伟大的力量”。在全球化的知识经济时代，任何区域发展都难以独善其身，仅仅将目光局限于区域内资源研究已经不能满足创新驱动发展的需求。随着创新活动的日益网络化、复杂化，创新主体之间的创新合作形式也越来越多样化。技术创新过程也呈现系统性、复杂性、不确定性和投资性等特点，依靠单个主体内部的技术力量已不能应对这种局面。技术创新活动需要不同领域的创新主体打破组织界限，相互协调和协作，才能顺利完成。创新主体间的关系架构已逐渐演化为网络形态，区域创新能力不仅取决于创新资源的投入，而且取决于各创新主体的技术联盟方式[27]。网络式创新已成为驱动区域技术创新发展的重要方式。同时，区域技术创新网络内所有行为主体以及行为主体之间以成长为目的而进行的活动都与区域技术创新网络环境密不可分。

区域技术创新网络建设是围绕着技术创新而展开的，但技术创新绝不仅仅是一个技术问题，它更在于技术经济的实现。而技术创新依附于一定的经济组织、经济活动之中，所以，区域经济活动的规律，也就必然成为技术创新活动组织与运行时相应特征、规律的基础。因此，网络作为区域技术创新活动的物质载体，从网络视角对区域技术创新活动进行研究具有重要的意义。

一、探索性空间数据分析

“空间”这一要素在现实经济或社会结构中起着重要作用，20 世纪 90 年代以来，“地理空间”要素逐渐纳入了西方主流经济学的分析框架。安赛林（Anselin [28]）指出，在一个地区空间单元上的某种经济地理现象或某一属性值与邻近地区空间单元上同一现象或属性值是相关的，几乎所有的空间数据都具有空间依赖性，空间计量模型能够解释空间数据样本中的空间依赖现象。一般来说,影响区域经济发展的空间效应主要有两个特性:空间依赖性和空间异质性。空间依赖性（空间自相关性）是空间效应识别的第一个特性。空间依赖性反映了现实中存在的空间交互作用，也反映了空间交互影响。空间依赖性不仅意味着空间上的观测值缺乏独立性，而且意味着存在于这种空间相关中的数据结构，在一个地理空间中各个点的变化都会影响相邻的其他点的结果。空间异质性是空间计量经济学模型识别的第二个特性。空间异质性是指地理空间上的区域缺乏均质性，存在发达地区和落后地区、中心（核心）和外围（边缘）地区等经济地理结构，从而导致经济社会发展和创新行为存在较大的空间上的异质性。对于空间异质性，需要考虑空间单元的特性，大多可以通过经典的计量经济学方法来估计。在现实经济或社会结构中，由于空间依赖性的广泛存在，空间相关性一直是空间计量经济学研究的重点领域。因此，网络模型构建，首先需要对经济实体进行空间相关性检验。

此外，探索性空间数据分析[29]本质上是由数据驱动的探索过程，而不是由理论推定的演绎推理过程，其目的是“让数据自己说话”，由于区域数据在空间上彼此相关，这就违反了古典统计分析中观测值相互独立的基本假设。而探索性空间数据分析，不拘泥于古典统计分析的基本假设，用于区域经济研究时具有更强的适用性。探索性空间数据分析是以空间数据为研究对象，综合空间统计学及现代图形计算技术，直观地分析空间相关性和异质性的一组技术。空间相关性和空间异质性是空间数据分析中的两个核心概念，探索性空间数据分析（ESDA）技术在使用上可大致分为两类：一类为全域空间自相关性，用来分析空间数据在整个系统内表现出的分布特征，一般用 Moran 指数[30]表示；另一类为局域空间自相关性，用来分析局部子系统所表现出的分布特征，具体包括空间集聚区、非典型的局部区域、异常值等，一般采用 Moran 散点图和 LISA 显著性水平图[31]表示。

1. 全局空间自相关性

全局空间自相关可以衡量区域之间某一经济变量整体上的空间关联与空间差异程度。通常采用 Moran 指数来度量全局空间自相关性。

设 x_i 为区域 i 的观测值，全局 Moran 指数 I 的计算公式为：

$$I=\frac{\sum_{i=1}^{n}\sum_{j=1}^{n}W_{ij}\left(x_i-\bar{x}\right)\left(x_j-\bar{x}\right)}{S^2\sum_{i=1}^{n}\sum_{j=1}^{n}W_{ij}} \tag{2–4}$$

式中，$S^2=\frac{1}{n}\sum_{i=1}^{n}\left(x_i-\bar{x}\right)^2$，$\bar{x}=\frac{1}{n}\sum_{i=1}^{n}x_i$，$W_{ij}$ 为区域 i 与区域 j 之间的空间关系，n 为区域个数。$I\in[-1,1]$，当 $I>0$ 时，为存在正的空间相关性；反之为存

在负的空间相关性。

下面需要对全局 Moran 指数 I 进行假设检验。

原假设 H_0：该经济变量不存在空间相关性。由于全局 Moran 指数 I 近似服从期望值为 $E(I)$ 和方差为 $\mathrm{VAR}(I)$ 的正态分布，因此可以构造 U 统计量来对 I 进行显著性检验，表示为：

$$U(I)=\frac{I-E(I)}{\sqrt{\mathrm{VAR}(I)}} \tag{2–5}$$

给定显著性水平 α，则拒绝域为 $\left\{U \mid u<u_{-\frac{\alpha}{2}} \text{ 或 } u>u_{\frac{\alpha}{2}}\right\}$。当 U 的值落在拒绝域内时，则拒绝原假设，表示不同区域经济变量存在空间相关性；当 U 的值没有落在拒绝域内时，则接受原假设，表示不同区域经济变量不存在空间相关性。

在软件中通常采取尾概率 p 的方法对其进行假设检验，当 $p<\alpha$ 时，表示拒绝原假设，说明该变量存在空间相关性；反之接受原假设。

2. 局部空间自相关性

然而，全局 Moran 指数只能分析整体集聚程度，不能度量具体区域的差异程度，无法解析哪个区域对全局自相关影响较大。若要检验区域内是否存在局部性的集聚，则需要对局部性指标进行相关分析。设 $I_i\,(i=1,2,\cdots,n)$ 为局部 Moran 指数，表示为：

$$I_i=\frac{\left(x_i-\bar{x}\right)}{S^2}\sum_{j=1}^{n}W_{ij}\left(x_j-\bar{x}\right) \tag{2–6}$$

式中，各参数意义同式（2–4）表示。$I\in[-1,1]$，当 $I_i>0$ 时，表示相似值（高值或低值）存在局部空间相关性；反之表示非相似值（高值和低值或者低值和高值）存在局部空间相关性。局部 Moran 指数 I_i 的显著性检验与全局 Moran 指数 I 显著性检验相同。

二、社会网络分析法

社会网络理论认为，任何一个有人参与的社会过程都是由行动者和其社会关系组成，并且按照特定的情景形成特定的网络结构[32]。韦尔曼（Wellman[33]）将社会网络定义为一种由个人和组织等节点相互连接而形成的社会组织形式。

社会网络分析方法是一种基于关系数据的跨学科领域研究方法，已被广泛应用于社会学、经济学、管理学等领域。在新经济社会学中，社会网络分析是综合运用图论、数学模型研究行动者关系模式的研究方法，它适用于研究群体互动关系与群体结构，其核心在于揭示这种结构如何影响以及在多大程度上影响网络成员的行为[34]。社会网络分析也是新经济社会学中研究个体之间相互关系的重要方法，宏观层面反映了区域内整体的发展态势，微观层面展现了个体之间的互动及动态发展变化。区域技术创新网络结构模型构建，是通过选取相关指标来描述对象之间的互动结构，它既可以展示区域技术创新网络结构的整体形态，也可以反映个体在区域技术创新网络结构中的具体角色和所处的位置。

1. 社会网络构建的理论基础

（1）节点。

根据网络模型分析，节点 X_{ij} 用区域技术创新网络中各省（自治区、直辖市）表示，其总规模为 N，节点属性由能够反映节点区域技术创新能力的各维度指标构成，用 $X_{ij}(i=1, 2, \cdots, I; j=1, 2, \cdots, J)$ 表示，其中 X_{ij} 表示第 i 个省市在第

j 项指标中的得分。同时，为了具有可比性，将 X_{ij} 进行标准化处理，可得到标准得分矩阵：$Y_{ij}(i=1, 2, \cdots, I; j=1, 2, \cdots, J)$。

矩阵中，

$$Y_{ij}=\frac{X_{ij}}{\sqrt{\frac{1}{J}\sum_{j=1}^{J}X_{ij}^{2}}} \tag{2-7}$$

（2）边。

在网络中的边（节点之间连线关系）确定之前，需先确定节点之间关系的表示方法。节点之间的关系通常用相似系数来进行度量，本书中相关章节部分采用夹角余弦距离（余弦相似度）来度量两个个体间的差异大小，其中，第 r 和 s 省市之间的夹角余弦距离 P_{rs} 定义为：

$$P_{rs}=1-\frac{\sum_{j=1}^{J}X_{rj}X_{sj}}{\sqrt{\sum_{j=1}^{J}X_{rj}^{2}}\sqrt{\sum_{j=1}^{J}X_{sj}^{2}}} \tag{2-8}$$

由上式可以看出，$P_{rs}\in[0,1]$表示两个区域技术创新能力的相似性，其值大小与技术创新能力的大小无关。对于边的确定，由于本书所构建的网络是基于相似性距离的，属于无向有权重网络。因而主要采取最多边限制法来确定边，即指定一个数值，确立为每个节点与若干最近节点相连的最多上限。

（3）度。

节点的度表示与该节点连接的其他节点的数目。对于某节点 r，其度定义为：

$$B(r)=\sum_{s,t\in N}\sigma(s,t|r) \tag{2-9}$$

式中，$\sigma(s, t \mid r)$ 指节点 s 和 t 之间在相似性方面度量经过节点 r 最短路径的边数。

（4）中心性。

中心性是判定网络中节点重要性的指标，是节点重要性的量化。在无向图中，度中心性测量网络中一个节点与所有其他节点相联系的程度。对于一个拥有 N 个节点的无向图，节点 i 的度中心性 $C_D(N_i)$ 是指 i 与其他 $N-1$ 个节点的直接联系总数，用矩阵 Z_{ij} 表示如下：

$$C_D(N_i)=\sum_{j=1}^{N}Z_{ij},i\neq j \tag{2–10}$$

此处，$\sum_{j=1}^{N}Z_{ij}$ 用于计算节点 i 与其它 $N-1$ 个 j 节点（即，排除主对角线上自身的联系外）之间直接联系的数量。节点度中心性，不仅反映了每个节点与其它节点的关联性，而且与网络规模有关，即网络规模越大，度中心性的最大可能值就越高。为了消除网络规模变化对度中心性的影响，斯坦利（2012）提出了一个标准化的测量公式：

$$C'_D(N_i)=\frac{C_D(N_i)}{N-1} \tag{2–11}$$

本书用该式度量节点度中心性。

（5）凝聚子群。

凝聚子群的思想早期起源于对人群、社会团体的研究，指网络集合中参与者之间有较强的、直接的、紧密的、经常的或积极的联系的子集。凝聚子群分析有多种方法，本书采用的是 N – 派系分析方法。所谓 N – 派系，是指在社会网络图的子图中，任意两个参与者的节点在图中的最短距离小于或等于 N。若用 $d(i,j)$ 表示任意两个参与者节点 i 和 j 在社会网络图中的最短距离，则满足 $d(i,j)\leqslant N$ 条件的所有参与者所组成的子图就是该社会网络图的一个 N – 派系。

（6）*E-I* 指数。

E-I 指数是社会网分析的重要计量指标，在整体网络分析中用来衡量网络中子群的分派程度，也可用于测量网络中派系林立的程度，反映到整体网中体现的是网络中小团体现象是否严重。定义为：

$$E\text{-}I = \frac{EL - IL}{EL + IL} \tag{2–12}$$

式中，*EL* 为“子群体之间的关系数”，*IL* 代表“子群体内部的关系数”。在实际运用中，我们也常把网络子群的密度与整体网的密度之比等价于 *E-I* 指数。*E-I* 指数的取值不会超过 ±1，*E-I* 指数的值越靠近 1，说明子群之间关系以群间关系为主，子群内部的派系林立程度越小；*E-I* 指数的值越靠近 –1，说明子群之间关系以群内关系为主，子群内部的派系林立程度越大；而当 *E-I* 指数的值靠近 0 时，说明子群间关系是随机发生的。*E-I* 指数不仅能够反映网络子群之间的关系，更能测量网络子群间的关系对群内关系的支配程度。因此，*E-I* 指数不仅会随着群间关系数量的减少而降低，而且也会随着群内关系的增加而降低。

2. 块模型分析

怀特（White）等描述了块模型的理论和经验要素，即基于结构对等性对行动者进行分类，根据角色互动来解释网络结构。块模型将网络中的各个行动者按照一定的标准分为几个离散的子群，并考察每个子群之间是否存在关系，以反映系统内的结构特征。本书证明主要选用块模型中的 CONCOR 算法（迭代相关收敛法），利用 UCINET 软件，将网络划分为不同类型的因子子群，即为“块”，将网络中的关系划分为块内、块间两种类型，并生成块内和块间的密度矩阵表，以解释块内和块间的联系紧密程度。其中，矩阵对角线上的密度值是块内密度，非对角线上的密度值是块间密度，密度值越大，说明块内或块间的联系程度越高。

3. 2– 模网

个体与组织之间往往是通过它们所隶属的组织或者群体而联系在一起的，将个体与组织之间的网络称为 2– 模网络，个体与组织或群体之间因而存在“二元性”。在社会网络分析中，所谓“二元性”是指群体之间的关系就意味着个体之间的关系。具体运用时，通常采用以下方法。

（1）2– 模网络向 1– 模矩阵的转化。

2– 模数据一般用长方形矩阵来表示，可将它转换为两个 1– 模数据，也可以转换为一个 2– 部 1– 模矩阵，在此基础上可画图分析。在具体转换时可有多种选择。

一是模态选择。

如果选择行模式，生成的则是以行动者为计算标准的矩阵，即行动者—行动者关系矩阵；如果希望创建一种事件——事件 1– 模矩阵，则需要选择“列模式”。

二是转换方法。

第一种是对应乘积法，该方法考虑到行动者 A 所在行的每一项，分别乘以行动者 B 的对应项，然后加总。通常情况下，这种方法常被用于二值数据，因为乘积是对“共同发生”次数的累加。对于二值数据来说，只有当每个行动者在某个事件上都出现的时候，乘积的值才是 1。因此，在各个事件上的总和就等于行动者共同参与的事件的次数，这同时也测量了关系的强度。

第二种是最小值方法，该方法考察在每个事件上的两个行动者的每一项，并选择出最小值。对于二值数据来说，计算的结果与乘积计算方法是一样的。对于多值数据来说，最小值方法的实质就是：两个行动者之间的关系等于二者与事件之间关系的最小值。当初始数据是多值数据时，这种方法是常用的。

（2）QAP 理论。

社会关系是社会学研究的核心内容之一。在研究社会关系时，需要特定的方法，QAP 就是方法之一。

QAP 是一种对两个方阵中各个元素的相似性进行比较的方法，即它对方阵的各个元素进行比较，给出两个矩阵之间的相关系数，同时对系数进行非参数检验。在具体计算中，QAP 对一个矩阵的行和列同时进行置换，具体做法有三步。

第一步，计算已知的两个矩阵之间的相关系数。

第二步，仅对其中一个矩阵的行和对应的列同时进行随机的置换（而不是仅仅置换行或者列，否则破坏原始数据），然后计算置换后的矩阵与另一个矩阵之间的相关系数，保存计算结果；重复这种计算过程几百次甚至几千次，将得到一个相关系数的分布，从中可以看到这种随机置换后计算出来的几百或几千个相关系数大于或等于第一步中计算出来的相关系数比例。

第三步，比较第一步中计算出来的相关系数与根据随机重排计算出来的相关系数的分布，看相关系数是落入拒绝域还是接受域，进而做出判断。也就是说，如果上述比例低于 0.05（假设研究者确定的显著水平为 0.05），这在统计意义上表明所研究的两个矩阵之间存在强关系，或者说二者之间的相关系数不太可能是随机产生的。

可见，QAP 是一种非参数检验。QAP 只对某个矩阵的行和列同时进行置换，然后计算置换后的矩阵与另一个矩阵（即模式矩阵）之间的相关系数，这就保证了自变量矩阵和因变量矩阵在行和列上都相互依赖。最后，计算出显著性以及相关系数大于或者小于实际系数的概率。

总之，QAP 是一种用来检验关系矩阵之间关系的方法。它可以计算出显著性水平，因而可用来对一些关系性命题进行检验。

第三节　区域技术创新空间效应理论基础

一、科技型人才聚集效应理论

1909 年，德国学者艾尔缦雷德·韦伯（Alfred Weber）在《工业区位论》中系统地阐述了聚集经济理论。他认为，聚集经济与规模经济相关，聚集经济是由于把生产按某种规模聚集到同一地点进行，因而给生产或销售方面带来了利益或节约。他强调，工业企业在空间上的规模化。聚集分为两个阶段——“低次阶段”与“高次阶段”。在低次阶段，是单纯由企业经营规模扩大而引发的生产聚集，即“所有具有自足完整组织的大规模经营”。韦伯将几种经营的局部性集结定义为高次聚集。他认为，高次聚集主要是扩充大规模经营的利益，即在一定地区范围内同类或不同类企业的几种构成的总生产规模的扩大。

20 世纪 80 年代中期，美国经济学家斯科特·A. J.（Scot A. J.）为深入认识聚集经济的本质提供了一个新的视角，斯科特将新制度经济学提出并发展起来的交易成本赋予“空间”意义，并引入城市化的理论研究中。他认为，与专业化经济相联系的规模经济利益和与多样化经济相关的范围经济利益是聚集经济内涵中不可或缺的两个方面。确切地讲，聚集经济就是一种通过规模经济和范围经济的获得来提高效率和降低成本的系统力量。

在聚集经济理论的基础上，与其他经济现象一样，科技型人才聚集现象也会产生不经济性效应和经济性效应两种效应。科技型人才聚集现象是人才要素在流动过程中所产生的人力资源与其他生产要素配置与组合的现象，是内外部诸多因素参与并发挥作用的混合过程。因而，科技型人才聚集的不经济效应是指科技型人才聚集后的作用小于不聚集时的作用时的效应。而科技型人才聚集的经济性效应是指科技型人才聚集现象也可在一定区域内按照一定的内在联系以类聚集，在和谐的内外环境的作用下，产生超过各自独立作用的加总效应，这种效应从经济学角度来看是经济性的。

二、区域经济理论

区域经济理论是研究生产资源在一定空间（区域）的优化配置和组合，以获得最大产出的学说。生产资源是有限的，但有限的资源在区域内进行优化组合，可以获得尽可能多的产出。正是由于不同的理论对于区域内资源配置的重点和布局主张不同，对资源配置方式的选择也不同，从而形成了不同的理论派别。

1. 增长极理论

增长极理论最早由弗朗索瓦·佩拉克斯（Francois Perracx）于 20 世纪 50 年代提出，汉森对这一理论进行了系统的研究和总结。该理论从物理学的“磁极”概念引申而来，认为受力场的经济空间中存在着若干个中心或极，产生类似“磁极”作用的各种离心力和向心力，每一个中心的吸引力和排斥力都产生相互交会的一定范围的“场”。这个增长极可以是部门的，也可以是区域的。该理论的主要观点是，区域经济的发展主要依靠条件较好的地区和少数条件好的产业培育成增长极。通过增长极的极化效应和扩散效应，影响和带动周边地区和其他产业的发展。增长极的极化效应主要表现为资金、技术、人才等生产要素向极点聚集；扩散效应主要表现为生产要素向外围转移。在发展的初级阶段，极化效应是主要的；当增长极发展到一定程度后，极化效应削弱，扩散效应加强。

2. 中心—外围理论

中心—外围理论，首先由劳尔·普雷布希（Raull Prebisch）于 20 世纪 40 年代提出，主要是阐明发达国家与落后国家间的中心—外围不平等体系及其发展模式与政策主张。20 世纪 60 年代，约翰·弗里德曼（John Friedmann）将中心—外围理论的概念引入区域经济学。他认为，任何国家的区域系统，都是由中心和外围两个子空间系统组成的。资源、市场、技术和环境等的区域分布差异是客观存在的。当某些区域的空间聚集形成累积发展之势时，就会获得比其外围地区强大得多的经济竞争优势,形成区域经济体系的中心。外围(落后地区）相对于中心（发达地区），处于依附地位而缺乏经济自主性，从而出现了空间二元结构，并随着时间的推移而不断强化。不过，随着市场的扩大、交通条件的改善和城市化的加快，中心与外围的界限会逐步消失，即区域经济的持续增长，将推动空间经济逐渐向一体化方向发展。对于科技型人才资源来说，在某一区域也会形成人才引力中心而形成相对于其他区域的人才聚集优势。

三、区域创新系统空间影响力测评理论

1. 威尔逊模型理论

威尔逊认为，如果两个地区（或城市）经常发生资源交换以及空间上的交

互作用，则两地的空间作用程度与两地距离、区域规模和资源的同质性具有重要关系。由威尔逊模型，区域 i 对区域 j 的资源辐射力可用以下公式表示：

$$T_{ij} = KO_i D_j \exp(-\beta r_{ij}) \tag{2–13}$$

式中，T_{ij} 是区域 i 从区域 j 吸引到的资源总量；O_i 是区域 i 的创新资源强度；D_j 是区域 j 的创新资源总量；r_{ij} 表示两区域之间的距离；β 是衰减因子，表示创新资源辐射衰减程度的快慢；K 是归一化因子，一般取 1。由式（2–13）可以看出，区域间辐射效应的产生主要是由区域间地理距离以及衰减因子决定的。因此，借鉴王铮等[35]的观点，可将其简化为：

$$\theta = D_j \exp(-\beta r_{ij}) \tag{2–14}$$

式（2–14）进一步揭示了区域间吸引强度与区域间距离以及衰减因子之间的联系。其中，θ 是一个给定的阈值，当某个区域的创新聚集指数衰减到这个阈值以下，就可以认为核心区域对该区域没有产生辐射效应。进一步，为了消除异方差影响，对式（2–14）取对数：

$$r_{ij} = \frac{1}{\beta} \times \ln \frac{D_j}{\theta} \tag{2–15}$$

因此，若给定 θ 值，计算出 D_j、β 即可得出核心区域创新聚集辐射半径 r_{ij}。

进一步，β 的计算公式如下：

$$\beta = \sqrt{\frac{2T}{t_{\max} D}} \tag{2–16}$$

式中，D 是相互作用域的域元；T 是区域内传递因子的总个数；$t_{\max}$ 是区域内具有扩散功能的最多因子个数。

2. 场强模型理论

根据威尔逊模型，可以测度核心区域的辐射半径。但是，一般而言，辐射不是等幅辐射，辐射效应是否有效还需分析外围地区接受辐射的能力。因此，本部分借鉴参考文献[36]，场强模型数学定义如下。

（1）辐射源对受力城市的辐射强度：

$$E_{ij}=\frac{\sqrt{P_i \cdot D_i}}{d_{ij}} \qquad (2\text{–}17)$$

式中，E_{ij} 表示辐射源 i 对受力城市 j 产生的辐射场强；P_i 表示区域 i 内高技术产业 R&D 人员折合全时当量（人）；D_i 表示区域 i 内高技术产业 R&D 内部经费支出（亿元）；$\sqrt{P_i \cdot D_i}$ 表示辐射源城市 i 的城市创新质量（千克），1 千克 $=\sqrt{1\text{人}\times 1\text{亿元}}$；$d_{ij}$ 表示从区域 i 到区域 j 的最短时间距离（小时），不包括飞机运输时间，时间距离指创新资源在两个区域间流动所需的最短时间。

（2）受力城市接受辐射程度：

$$F_{ij}=E_{ij}\cdot\sqrt{P_j \cdot D_j} \qquad (2\text{–}18)$$

式中，P_j 表示区域 j 内高技术产业 R&D 人员折合全时当量（人）；D_j 表示区域 j 内高技术产业 R&D 内部经费支出（亿元）；$\sqrt{P_j \cdot D_j}$ 表示受力城市 j 的城市创新质量（千克），1 千克 $=\sqrt{1\text{人}\times 1\text{亿元}}$；$E_{ij}$ 表示辐射源 i 对受力城市 j 产生的辐射场强；F_{ij} 表示辐射源 i 对受力城市 j 的辐射力。

第三章　研究内容结构安排

本章主要从研究目的、研究意义解析研究问题的提出，并介绍了本书研究内容的安排及所采用的研究方法。

第一节　研究问题的提出

一、研究目的

区域技术创新是区域经济发展的主要动力，是促进区域经济增长的决定因素。区域技术创新是区域创新组成的核心部分，是区域创新研究中的重要课题。目前，供给侧结构性改革要求我们注重创新，积极推进实体经济的发展，意味着从需求侧向供给侧的改变，而这一政策的转变，要求我们提高技术创新能力，为缩小区域间差距，更好地贯彻落实“一带一路”政策，各区域也应该提高自己的区域技术创新能力。内生经济增长理论认为，技术创新是一国经济增长的源泉和动力，截至 2015 年，我国技术创新对经济增长的贡献率已超过 50%。伴随着一系列技术创新战略的实施，区域技术创新能力已成为区域经济增长和区域获得国际竞争优势的重要因素。然而，经济环境因素复杂多变，导致区域技术创新能力受到多种因素的影响。根据系统科学的基本观点，各种不同要素的联结方式决定着系统的结构，而系统的结构决定着系统功能的发挥，在全球化的知识经济时代，区域创新发展方式发生了重大变革，区域创新发展方式也发生了根本性的改变，网络式创新模式已成为驱动区域经济发展的重要动力来源，随着创新活动的日益网络化、复杂化，创新主体之间的合作形式也越来越多样化。不同创新类型决定着不同的创新网络结构，学者们认为，网络的作用主要在于为网络成员提供交换资源、传递信息的活动平台。无论何种网络形式，网络对创新活动的影响都表现为一种传导机制，一种有效载体。区域创新网络作为行为主体间互动关系较为复杂的网络系统，通过内在结构特征影响主体的创新行为。从这个角度讲，研究区域技术创新能力的影响因素、影响因素的作用机制，以及寻求区域支撑系统，构建区域技术创新网络[37, 38]，日益成为提高区域创新能力的重要手段。同时，考虑到空间这一影响因素，测度区域技术创新的空间效应，这些内容的研究以期实现区域创新发展中各主体相互联动、协调合作以促进区域创新能力的提高，为提高区域技术创新能力，带动区域经济共同发展，缩小区域经济差距提供经验支持和数据支撑。

二、研究意义

创新是一个民族进步的灵魂，要实现中华民族伟大复兴，促进经济社会全面发展,关键在于提高创新能力。自中共十八大首次提出“创新驱动发展战略”以来，创新能力的提高被摆在了国家发展全局的核心位置。随着我国经济进入新常态，增长速度换挡、结构调整阵痛、发展方式转型、刺激政策消化的“多重叠加”现象明显，未来经济发展仍面临不少困难和挑战。创新是一个包括知识研发、技术产生、技术应用与转移的活动，通过不同创新主体、不同要素资源之间的融合与协作，最终作用于技术经济上，实现价值创造与价值转化的复杂动态工程。而区域经济发展以区域内产业发展为基础，区域内产业发展则以科技创新能力为基础。一个地区的经济发展状况，在很大程度上取决于该区域的创新发展水平。在我国，各区域的技术创新水平呈现出一定程度的不均衡性，这种不均衡性已经成为当前中国实施创新驱动发展，战略和经济转型所面临的一个关键问题[39]。如何适应时代发展，促进区域创新发展成为一个热点问题。因此，深度剖析区域技术创新影响因素、作用机制、发展模式以及空间效应，对缩小区域经济发展差距，促进区域协调发展，具有重要的理论意义和现实意义。

第二节　研究结构与研究思路

梳理目前国内的相关文献研究，区域技术创新能力已取得了较大的进展，对于促进经济发展、推动区域创新系统发展起着积极的促进作用。总结相关文献可以看出，学者们对区域技术创新能力的区域界定范围不同，有的学者按照行政单位划分，有的学者按照企业类型划分，研究内容较多是对区域技术创新能力评价、区域技术创新能力现状和差异的研究，鲜有研究影响这些差异的因素，虽然有部分学者进行了研究，但是还没得出统一的定论。同时，在对影响区域技术创新能力的因素进行研究时，学者们对变量的选择存在很多差异，比如有些学者只研究了区域技术创新投入、制度和环境因素，却忽视了区域技术创新潜力对区域技术创新能力的影响，从而在研究区域技术创新能力时，缺乏说服力。此外，还发现对区域技术创新能力影响因素的研究得出的结论不同，存在较大的分歧，主要是由于环境的变化和选择的区域不同导致的，因此，为适应市场环境的发展，有必要对我国区域技术创新能力差异的影响因素进行研究。同时，学者们在研究区域技术创新能力时，若只关注其中某个要素的重要程度，而忽视要素之间的相互配合和相互协调，也可能无法解决区域创新能力不均衡的问题；但是选择过多的变量也可能造成多重共线性的问题，遗漏重要解释变量又会导致估计误差偏大，因此在进行实证分析之前，需要对变量进行筛选。

此外，网络式创新已成为推动区域创新发展的主要模式，在已有文献梳理基础上，学者们对区域技术创新网络环境优化、传导机制方面的研究还较少。已有研究虽然取得了丰硕的成果，已经认识到区域创新活动的空间相关性，但在实际建模分析过程中又往往忽略了这种影响。基于此，本书将从区域技术创新影响因素、网络特征、空间效应三方面展开研究。

一、研究内容结构安排

对区域技术创新的研究涉及经济学、管理学、地理学、区域经济、社会学、复杂网络、社会网络等多个领域。本书研究内容主要由四篇十二章构成：第一篇为导论，主要包括前三章内容；第二篇为区域技术创新影响因素分析，主要包括第四、第五、第六、第七章内容；第三篇为区域技术创新网络特征分析，主要包括第八、第九、第十章内容；第四篇为区域技术创新空间效应分析，主要包括第十一、第十二章内容。每章节内容具体安排如下。

第一章为区域技术创新理论的由来与发展。该章主要通过国内外文献资料的收集整理，梳理了区域技术创新理论渊源、研究脉络，同时，重点对与本书研究内容相关的概念予以界定。

第二章为相关理论基础。该章主要对区域技术创新影响因素、区域技术创新网络特征、区域技术创新空间效应涉及的相关理论予以阐述，为全书的研究奠定理论基础。

第三章为研究内容结构安排。该章主要从研究目的、研究意义方面解析了研究问题，并介绍了本书研究内容安排及所采用的研究方法。

第四章为区域技术创新差异分析。该章首先按照时间顺序分析了中国东部、中部、西部地区区域技术创新能力变化的趋势，其次分析了各省的区域技术创新能力的不同，最后采用基尼系数（$Gini$）、泰尔指数（GE_1）以及对数离差均值（GE_0）对中国各省（自治区、直辖市）的区域技术创新能力差距做了进一步的测算。

第五章为区域技术创新能力影响因素理论分析。该章主要在国内外现有研究基础上，从定性角度分析影响区域技术创新能力的因素，并根据指标体系构建原则，构建了影响区域技术创新能力的指标体系。

第六章为区域技术创新能力影响因素筛选。该章在影响因素筛选作用分析基础上，运用 LASSO、自适应 LASSO 和弹性网三种方法对影响区域技术创新能力的主要因素进行筛选，并通过构建模型预测误差评价指标对三种模型的筛选结果进行预测分析，最终筛选出对区域技术创新能力影响显著的因素，为第七章进行面板门槛模型分析奠定基础。

第七章为区域技术创新影响因素实证分析。该章主要从实证角度，对区域技术创新影响因素与产业转移之间的关系进行分析，结合影响因素筛选结果，对东部、中部和西部地区的技术创新能力进行分组回归，并在此基础上，使用面板门槛模型分析影响因素对区域技术创新能力的非线性影响，从侧面回答影响因素对区域技术创新的影响机制。

第八章为区域技术创新系统要素构成及空间分布研究。该章创新性地采用Moran指数与空间回归分析对其进行空间相关性与空间异质性检验，筛选具有空间效应的影响因素，在此基础上精准探究区域技术创新系统的空间分布构成，打破了以往研究中普遍直接采用影响因素检验系统空间效应的惯例，为测度区域技术创新系统要素构成及空间分布提供了新视角。

第九章为区域技术创新环境网络结构分析。该章主要通过构建我国区域技术创新环境网络，运用社会网络分析方法，从网络结构、网络优化以及网络区块三大方面测评区域技术创新环境发展状况。

第十章为区域承接产业转移对区域技术创新网络影响分析。该章主要借助区域承接产业转移对区域技术创新发展的作用，通过产业空间关联网络，利用金融发展、资源禀赋两张网络图对比分析区域承接产业转移创新网络的影响。

第十一章为科技型人才聚集空间结构差异与核心区域研究。该章主要从科技型人才聚集视角测度区域技术创新的空间效应，在中心—外围理论基础上，首先利用探索性空间数据分析测度科技型人才聚集的空间相关性，然后利用复杂网络确定科技型人才聚集的空间结构，为第十二章节研究奠定基础。

第十二章为科技型人才聚集核心城市的空间影响力研究。在上述章节研究基础上，利用威尔逊模型和场强模型测度科技型人才聚集核心城市的空间影响力。

二、研究思路

本研究从区域技术创新相关领域的基础理论开始，在界定相关概念、基本特征的基础上，阐明区域技术创新研究的目的和意义，结合国内外已有研究文献的梳理，明晰区域技术创新研究的理论脉络，探寻区域技术创新研究方法和研究内容的突破口，在此基础上，对区域技术创新的影响因素、网络特征和空间效应进行研究，结合理论分析和实证研究结论，提出促进区域创新发展、缩小区域创新发展差距的有效途径。基本的研究思路框架如图 3–1 所示。

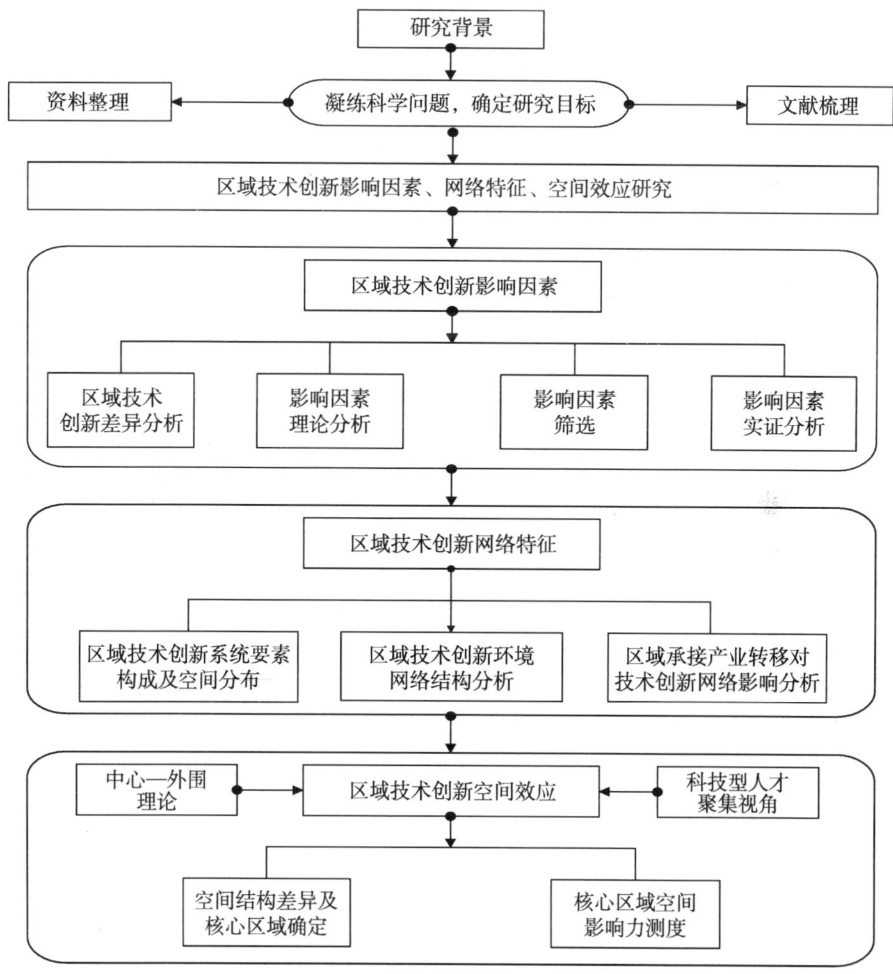

图 3–1　研究思路框架

第二篇

区域技术创新影响因素分析

第四章　区域技术创新差异分析

目前，我国经济增长方式已由要素驱动、投资驱动向创新驱动转变。而内生经济增长理论认为，技术创新是一国经济增长的源泉和动力。截至 2015 年，我国技术创新对经济增长的贡献率已超过 50%，但由于创新系统资源配置方面存在差异，各区域技术创新增长仍表现出巨大的不平衡性，这恰是导致我国区域发展不平衡的一个重要原因。本章首先按照时间顺序分析中国东部、中部、西部地区区域技术创新能力变化的趋势，其次分析各省的区域技术创新能力的不同，最后采用基尼系数、泰尔指数以及对数离差均值对中国各省（自治区、直辖市）的区域技术创新能力差距做进一步的测算。

第一节　区域技术创新现状分析

一、省市区域技术创新现状分析

以行政区的划分为依据，将代表各省（自治区、直辖市）技术创新能力的专利申请授权数在1998—2016年的均值进行省市对比，结果如图4–1所示。

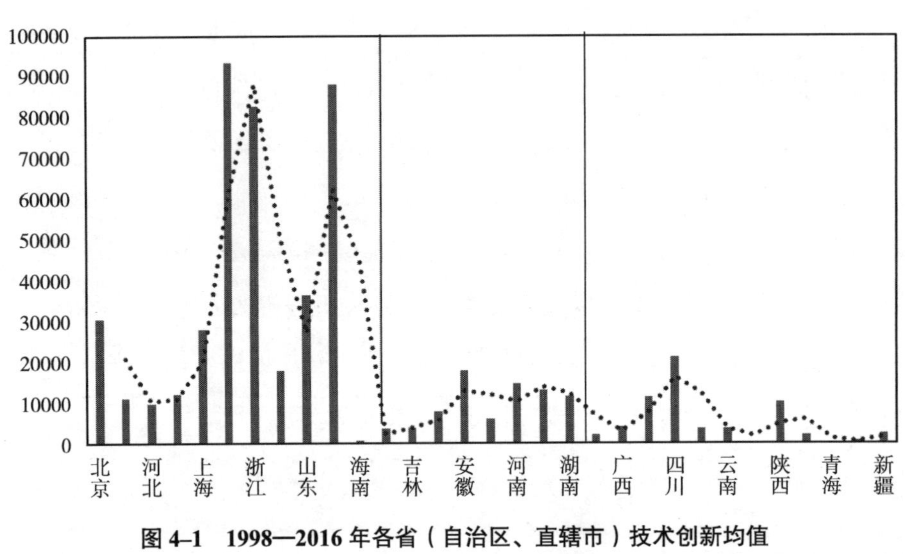

图4–1　1998—2016年各省（自治区、直辖市）技术创新均值

图4–1中的竖线是来划分我国三大区域的，从左往右，依次为东部各省份、中部各省份、西部各省份。由图4–1可以看出，1998—2016年，我国东部各省份的技术创新能力较中、西部各省份差距大。东部大部分省份的技术创新能力

明显高于中部和西部地区。中部地区技术创新能力和西部地区差距不大，但中部地区技术创新能力平均水平略高于西部地区。

二、东、中、西部三大区域技术创新现状分析

将我国划分为东、中、西部三大区域，通过 1998—2016 年东、中、西部区域技术创新能力的均值来直观对比区域技术创新能力的差距，结果如图 4–2 所示。

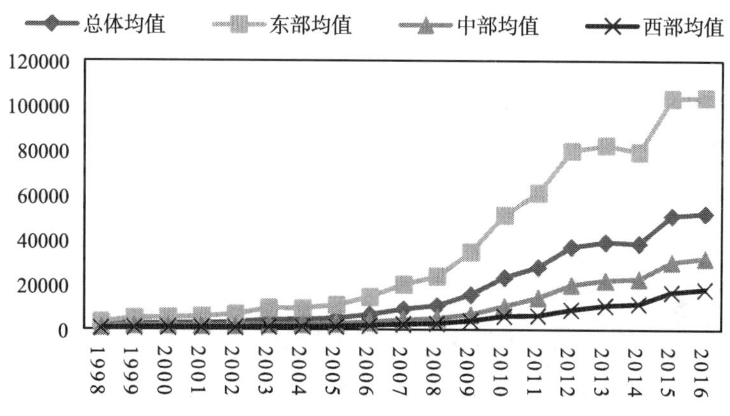

图 4–2　1998—2016 年我国东、中、西部区域技术创新变化趋势

由图 4–2 可知，从东、中、西区域技术创新能力的绝对值来看，1998—2016 年，尤其在 2006 年之后，三大区域的技术创新能力差异呈现明显的梯度特征，即东部技术创新能力的均值高于中、西部地区以及全国水平，中部地区高于西部，中、西部地区技术创新能力的均值低于全国水平。另外，从三大区域的相对增长速度来看，东部的技术创新能力增长速度最快，西部的技术创新能力增长速度最慢，全国技术创新的增长速度高于中、西部地区，但低于东部地区。

第二节　区域技术创新能力差异测度

一、测度方法

区域发展差异的测度指标很多，具有代表性的有三种测度方法，分别为基尼系数（$GINI$）、泰尔指数（GE_1）和对数离差均值（GE_0）。三种方法分别从不同角度来测量区域差异的程度。基尼系数其实是用来衡量收入分配不均问题的，后来逐渐被用来衡量其他研究方面的差异问题，它主要是将总体的差异在空间上进行分解，反映的是所研究的样本的平均差异对总体期望值的偏离程度。泰尔指数和对数离差均值重点考察区域内的差异。例如，借助泰尔指数和对数离差均值，对我国三大区域的技术创新能力差异进行衡量，既可以测量总体差异，又可以衡量区域内差异和区域间差异。这三个测量指标在进行差异测量时，对差异的敏感程度也不同。基尼系数对中等区域技术创新能力变化敏感，泰尔指数对较高水平的区域技术创新能力变化敏感，对数离差均值对较低水平的区域技术创新能力变化敏感。因此，为了精确反映我国区域技术创新能力的差距及变化趋势，本章选取基尼系数、泰尔指数和对数离差均值来测度省市技术创新能力的区域差异程度和三大区域的技术创新能力的差异程度。

1. 基尼系数

基尼系数刚开始是用于反映收入分配是否平等的一个指标，它由意大利经济学家基尼（Gini）提出，是依据洛伦茨曲线计算出来的，是量化数据均匀度的重要工具，是国际经济学界所采用的最流行的指标之一。将基尼系数运用于衡量区域技术创新能力，是指将运用基尼系数对区域技术创新能力进行衡量的省份数量进行合计并计算出百分比，将计算出的百分比与区域技术创新能力比重合计的比重联系起来，以衡量区域技术创能力的差异程度。基尼系数反映各地区间区域技术创新能力的差异程度，其数值介于 0（绝对平均）和 1（绝对不平均）之间。基尼系数越接近于 1,则表明地区间区域技术创新能力差异越明显；基尼系数越接近于 0，则表明地区间区域技术创新能力差异越不明显。反映区域技术创新能力差异的基尼系数计算公式为：

$$GINI = \frac{-(n+1)}{n} + \frac{2}{n^2 \bar{y}} \sum_{i=1}^{n} i y_i \qquad (4\text{–}1)$$

式中，n 代表样本的数目，y_i 代表区域技术创新能力由低到高排列后第 i 个个体的区域技术创新能力，$\bar{y}$ 是区域技术创新能力的平均值。

2. 泰尔指数

泰尔指数最早是由泰尔（Theil）和亨利（Henri）在 1967 年提出的，它是运用信息理论提出一个可以按照加法分解的不平等系数。在研究区域技术创新能力的整体差异性时，泰尔指数能够通过这些整体差异计算出三大区域内和三大区域间的差异的特性。因此，学者们实证研究区域技术创新能力的区域内和区域间差异时，泰尔指数被广泛应用。泰尔指数的计算公式为：

$$GE_1 = \frac{1}{n} \sum_{i=1}^{n} \frac{y_i}{y} \ln\left(\frac{y_i}{\bar{y}}\right) \qquad (4\text{–}2)$$

式中，n 代表样本的数目，y_i 为第 i 个个体的区域技术创新能力，$\bar{y}$ 为区域技术创新能力的平均值。

3. 对数离差均值

泰尔 1967 年将信息理论中的熵概念引入了对收入不公平的计算当中，提出了对数离差均值。反映区域技术创新能力差异的对数离差均值计算公式为：

$$GE_0 = \frac{1}{n}\sum_{i=1}^{n}\ln\left(\frac{\bar{y}}{y_i}\right) \tag{4-3}$$

式中，n 代表样本的数目，y_i 为第 i 个个体的区域技术创新能力，$\bar{y}$ 为区域技术创新能力的平均值。

二、省市区域技术创新差异测度分析

根据式（4–1）、式（4–2）和式（4–3）可以分别计算出 1998—2016 年 31 个省（直辖市、自治区）区域技术创新能力差异的基尼系数、泰尔指数和对数离差均值，见表 4–1。更形象、直观的表示如图 4–3 和图 4–4 所示。

表 4–1　省市区域技术创新能力差异的基尼系数、泰尔指数和对数离差均值

年份	*GINI*	GE_1	GE_0	*GINI* 增长率（%）	GE_1 增长率（%）	GE_0 增长率（%）
1998	0.5199	0.4841	0.6368	—	—	—
1999	0.5143	0.4627	0.6229	–1.08	–4.42	–2.19
2000	0.5241	0.4840	0.6272	1.89	4.61	0.69
2001	0.5448	0.5334	0.6635	3.96	10.20	5.79
2002	0.5789	0.6127	0.8054	6.27	14.87	21.38
2003	0.6024	0.6571	0.8459	4.05	7.25	5.03

续表

年份	*GINI*	GE_1	GE_0	*GINI* 增长率（%）	GE_1 增长率（%）	GE_0 增长率（%）
2004	0.5932	0.6439	0.8310	–1.53	–2.01	–1.75
2005	0.6107	0.6882	0.8755	2.96	6.89	5.35
2006	0.6187	0.6961	0.8895	1.31	1.15	1.59
2007	0.6293	0.7198	0.9272	1.71	3.40	4.24
2008	0.6391	0.7427	0.9487	1.55	3.18	2.32
2009	0.6582	0.8111	0.9841	2.99	9.22	3.73
2010	0.6600	0.8133	1.0685	0.28	0.27	8.57
2011	0.6654	0.8358	1.0902	0.81	2.77	2.04
2012	0.6610	0.8320	1.0851	–0.65	–0.46	–0.47
2013	0.6344	0.7510	1.0029	–4.03	–9.73	–7.58
2014	0.6131	0.6881	0.9241	–3.35	–8.37	–7.86
2015	0.5971	0.6485	0.8782	–2.62	–5.76	–4.97
2016	0.5865	0.6178	0.8479	–1.78	–4.73	–3.44

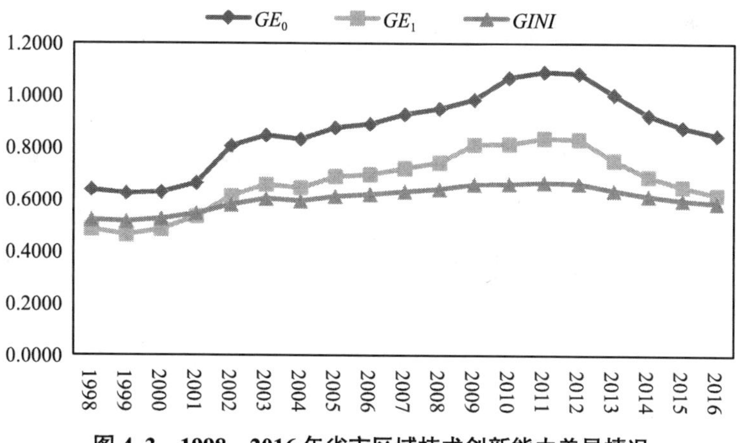

图 4–3　1998—2016 年省市区域技术创新能力差异情况

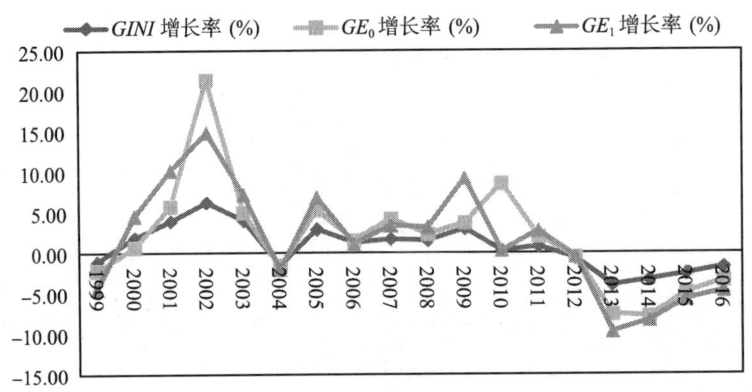

图 4–4 1998—2016 年省市区域技术创新能力差异增长率

结合表 4–1 和图 4–3 可以看出，不同指标测算的区域技术创新能力差异表现出相似的变化趋势，都是先呈现上升趋势，再在 2011 年之后呈下降趋势。从三个指标的变动情况来看，各区域间技术创新能力的不平衡呈现明显的阶段性，尤其是用泰尔指数和对数离差均值测算的结果。1998—2011 年，区域技术创新能力的差距呈发散的趋势。2011 年各区域技术创新能力的基尼系数、泰尔指数和对数离差均值同时达到最大值，分别为 0.6654、0.8358 和 1.0902。2011 年以后，区域间的技术创新能力差距逐渐缩小，但与 1998 年相比，仍存在差距。虽然三者有相似的趋势和阶段特征，但同时从图 4–3 也可以看出，用基尼系数计算的差异曲线较平缓。自 2002 年开始，用泰尔指数和对数离差均值计算的区域技术创新能力差异程度均高于基尼系数计算的区域技术创新能力差异程度，表明我国高水平和低水平的区域技术创新能力的差异程度高于中等水平区域技术创新能力的差异程度，并且高水平的区域技术创新能力的差异程度最高。

同时，结合表 4–1 和图 4–4 可以看出，1998—2016 年，泰尔指数和对数离差均值的增长率变化较大，基尼系数的增长率变化最小。以 2002 年为例，泰尔指数的增长率为 14.87%，对数离差均值的增长率为 21.38%，基尼系数的增长率为 6.27%。从 2012 年开始，三个指标的增长率开始为负，表明从 2012 年开始，各区域的技术创新能力差异在逐渐缩小。

三、东、中、西部三大区域技术创新能力差异测度分析

由于基尼系数无法根据区域技术创新能力的整体差异进行三大区域内和三大区域间的分解，因此，本章采用泰尔指数和对数离差均值的分解方法，根据区域技术创新能力的整体差异特性，对东、中、西部内部与东、中、西部区域间技术创新能力的差异程度进行实证度量。同时，考虑到区域技术创新能力差异的泰尔指数和对数离差均值在分解过程上大体相似，因此仅列出泰尔指数的分解结果，见表 4–2 及图 4–5 所示。

表 4–2　基于泰尔指数分解东、中、西部区域技术创新能力差异

年份	东部差异	中部差异	西部差异	区域内差异	区域间差异	总体差异	区域内差异占比（%）	区域间差异占比（%）
1998	0.2515	0.0548	0.3600	0.2316	0.2525	0.4841	47.84	52.16
1999	0.2330	0.0705	0.3420	0.2181	0.2446	0.4627	47.13	52.87
2000	0.2510	0.0593	0.3478	0.2303	0.2537	0.4840	47.58	52.42
2001	0.2717	0.0574	0.3613	0.2498	0.2836	0.5334	46.84	53.16
2002	0.3078	0.0566	0.4083	0.2840	0.3287	0.6127	46.35	53.65
2003	0.3124	0.0665	0.4182	0.2920	0.3651	0.6571	44.44	55.56
2004	0.3276	0.0747	0.4597	0.3084	0.3354	0.6439	47.90	52.10

续表

年份	东部差异	中部差异	西部差异	区域内差异	区域间差异	总体差异	区域内差异占比（%）	区域间差异占比（%）
2005	0.3486	0.0808	0.4478	0.3237	0.3645	0.6882	47.04	52.96
2006	0.3484	0.1147	0.4872	0.3332	0.3629	0.6961	47.87	52.13
2007	0.3490	0.0976	0.4970	0.3339	0.3859	0.7198	46.39	53.61
2008	0.3660	0.1202	0.5686	0.3566	0.3861	0.7427	48.02	51.98
2009	0.4219	0.1274	0.6192	0.4083	0.4029	0.8111	50.34	49.66
2010	0.4284	0.1483	0.7074	0.4239	0.3894	0.8133	52.12	47.88
2011	0.4634	0.1924	0.6281	0.4419	0.3939	0.8358	52.87	47.13
2012	0.4867	0.1816	0.6453	0.4591	0.3729	0.8320	55.18	44.82
2013	0.4361	0.1810	0.5903	0.4155	0.3354	0.7510	55.33	44.67
2014	0.3950	0.1725	0.5470	0.3789	0.3092	0.6881	55.07	44.93
2015	0.3726	0.1617	0.5381	0.3614	0.2871	0.6485	55.73	44.27
2016	0.3537	0.1566	0.5538	0.3493	0.2686	0.6178	56.53	43.47
均值	0.3539	0.1144	0.5014	0.3368	0.3328	0.6696	50.03	49.97

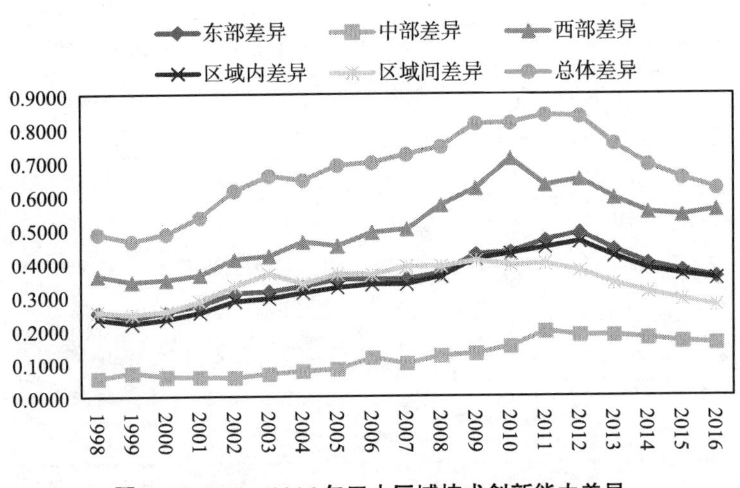

图 4–5　1998—2016 年三大区域技术创新能力差异

从表 4–2 可以看出：首先，1998—2016 年间，表示东、中、西部地区区域技术创新能力差异的泰尔指数分解差异均值分别为 0.3539、0.1144 和 0.5014，区域技术创新能力差异最大的是西部地区，其次是东部地区，中部地区差异最小，呈现 U 形特征，这与图 4–3 三大指标测算的差异程度相对应。其次，运用泰尔指数对三大地区区域内和区域间的区域技术创新能力差异进行分析，得到 1998—2016 年间，区域内差异和区域间差异的均值分别为 0.3368 和 0.3328，各自在总体差异中的占比分别为 50.03% 和 49.97%。这说明我国区域技术创新能力区域内和区域间的差异是客观存在的，区域内的差异略高于区域间的差异，从而进一步说明我国区域技术创新能力的差异表现为在区域内部的省际差异。

根据图 4–5 可以看出：首先，东、中、西部的区域技术创新能力差异表现出了相似的阶段性特征，即差异先增大再变小，东部地区在 2012 年之前差异扩大，2012 年之后差异变小；中部地区在 2011 年差异有所扩大，在 2011 年之后差异略微下降，但中部地区区域技术创新能力总体变动差异小于东部和西部地区；西部地区在 2010 年以前差异扩大，在 2010 年以后，西部地区区域技术创新能力总体上的差异逐渐变小。其次，2009 年以前，三大地区区域间差异大于区域内差异，说明在 2009 年以前，我国区域技术创新能力的差异主要表现为三大区域间的差异，区域内部差异不明显；从 2009 年开始，区域内的差异大于区域间的差异，并且 2009—2016 年区域内与区域间的差异大于 1998—2009 年区域内与区域间的差异，表明 2009 年以后，我国区域技术创新能力的差异更多地表现为省市差异。

通过对省（自治区、直辖市）和区域两方面对区域技术创新能力差异的现状进行分析，可以看出，我国区域技术创新能力存在省份差距，因此，分析显著影响区域技术创新差异的因素以及各影响因素对区域技术创新差距的贡献度，对缩小区域技术创新差距有重要的意义。

第五章　区域技术创新能力影响因素理论分析

本章主要在国内外现有研究的基础上，从定性角度分析影响区域技术创新能力的因素，并根据指标体系构建原则，构建了影响区域技术创新能力的指标体系。

第一节　区域技术创新能力影响因素机制分析

区域创新作为国家创新系统的重要组成部分，是实现我国科学发展、转变经济发展方式的重要推动力。区域创新系统涉及很多方面，而区域技术创新又是区域创新研究中的重要课题。目前，我国经济增长方式已由要素驱动、投资驱动向创新驱动转变。伴随着一系列技术创新战略的实施，区域技术创新能力已成为推动区域经济增长和区域获得国际竞争优势的重要驱动力。然而，区域技术创新能力受到多种因素影响，是一个复杂系统。根据系统科学的基本观点，各种不同要素的联结方式决定着系统的结构，而系统的结构决定着系统功能的发挥。从这个角度讲，从根源上研究区域技术创新能力的影响因素有重要意义。它有助于实现创新资源的高效配置和有效利用，在很大程度上提升技术创新的成功率和创新绩效。

一、区域技术创新能力影响因素作用机理

区域技术创新能力由多种要素组成，结合邵云飞等学者关于区域技术创新能力组成要素的研究成果，本章对涉及区域技术创新能力形成过程的影响因素进行归类分析。对于一个复杂的区域技术创新系统，基本影响因素可以归为以下四个部分：技术创新的潜力、技术创新的投入、技术创新的产出、技术创新的环境支持。这四个方面构成一个整体，通过技术创新潜力、技术创新投入和技术创新环境支持，构建一个和谐的系统，共同对区域技术创新能力也就是技术创新的产出产生作用。

1. 区域技术创新潜力作用机理

根据前述本书对区域技术创新能力的定义，区域技术创新能力是一种具有可持续性的对于技术进行创新和改造的能力。因此，区域技术创新能力潜力在一定程度上反映的是某一特定区域所拥有的通过合理的方式能够开发出来的进行技术创新的潜力，它能够衡量一个区域所具有的进行技术创新的能力，强调区域在进行技术创新过程当中源源不断的、可持续的能力。

2. 区域技术创新投入作用机理

不论是人才的培养还是科研活动的进行，都需要人力、物力的投入，当然，

进行技术创新也不例外。因此，区域技术创新能力投入也被包含在了区域技术创新能力的整个系统当中，它主要是从投入的角度对区域技术创新能力进行研究。在这个方面，它主要涉及政府、企业、高校等，政府为其提供必要的财政资金支持；企业既能够提供技术，又能够提供资金支持；高校主要为区域技术创新提供人力支持，区域技术创新能力的投入为区域技术创新能力的顺利进行提供了强有力的人力和物力的基础支持。

3. 区域技术创新环境作用机理

区域技术创新环境为区域技术创新能力的发挥提供了一个平台。在这个平台当中，它主要起着间接影响区域技术创新能力的作用，主要表现在：区域技术创新环境为技术创新的投入和区域技术创新能力的开发提供了一个支撑的平台，为区域技术创新能力的顺利应用提供基础和支撑的作用。在这个方面，它既包括人文环境方面的因素，如传统观念习俗，又包括自然环境方面的因素，如环境污染程度等。

4. 区域技术创新产出作用机理

区域技术创新的产出主要是从产出的角度对区域技术创新能力进行衡量，表现的是区域技术创新能力在环境因素的基础上，对区域技术创新投入的成果转化能力，体现区域技术创新能力的扩散效应。它一般作为被解释变量，受其他三个方面的影响；但是，它的产出又为其他三个方面提供强有力的经济支撑。

二、区域技术创新能力影响因素概念模型构建

在库克（Cooke [41]）、施奈德（Schneider [42]）、卡尼尔斯（Caniels [43]）、邵云飞等 [44]、徐辉等 [12]、王锐淇 [45]、王宵雅 [46] 等学者研究的基础上，本书从技术创新潜力、技术创新投入、技术创新环境状况三大方面选取了 28 个解释变量影响因素。

1. 区域技术创新产出影响因素

区域技术创新能力的产出反映的是技术创新带来的成果，专利作为科技成果数量和质量的直接体现，在一定程度上能够反映地区的技术创新的直接产出。文献中比较常用的是专利申请数 [47] 和专利授权数，考虑到专利申请授权数更能体现技术创新成果的被肯定和被保护，本书选择了国内专利（三种专利）申请授权量作为区域技术创新能力的替代指标。

2. 区域技术创新潜力影响因素

区域技术创新潜力在一定程度上反映的是某一特定区域内，所拥有的通过合理的方式能够开发出来的进行技术创新的潜力，它强调区域在进行技术创新过程当中源源不断的、可持续的能力，主要从人力资源潜力、经济物质基础和创新知识潜力三方面来选择变量。人力资源潜力从绝对数（在校大学生数）、相对数（大专以上学历者比重）、政府对人力资源发展的干预程度（地方财政教育支出）来衡量区域内人力资本的拥有情况。经济物质基础反映区域内财力、物力的拥有情况，主要从绝对数（地区生产总值、外商直接投资额）和相对数（贸易开放程度、新增科学研究、技术服务和地质勘查业全社会固

定资产投入占新增全社会固定资产投入的比重、产业集聚水平和市场化程度）两大方面来衡量区域内经济物质对区域创新能力的影响。创新知识潜力主要反映区域内获取信息和技术的潜力，因此本书从获取信息和技术的渠道选取知识产权保护、图书出版数与互联网上网人数来反映创新知识潜力。

3. 区域技术创新投入影响因素

区域技术创新投入主要从人力（人力资本投入）和物力（创新经费投入）两方面进行衡量。人力资本投入主要通过研究与试验发展人员，从事科学研究、技术服务和地质勘查业的城镇就业人员，以及高技术产业研发人员折合全时当量进行衡量，创新经费投入主要从总体（高技术产业研发内部经费支出、研发经费与地区生产总值比例和研究与试验发展经费支出）、政府（财政干预程度）和社会（规模以上工业企业研发新产品经费）三方面来进行测量。

4. 区域技术创新环境影响因素

区域技术创新环境为区域技术创新能力的发展提供了一个基础保障，良好的区域技术创新环境，通过环境卫生条件、经济发展状况和居民生活质量，来保证区域内各种资源的有效配置，从而为区域技术创新能力的提高创造一个良好的环境。由于大多数环境因素无法量化，因此用量化的医疗保障程度（卫生人员数[48]）的指标来衡量环境卫生条件，用人均生产总值、全社会固定资产投资、金融发展水平反映经济发展状况，用移动通信（固定电话年末用户、邮电业务总量和移动电话年末用户）和居民剩余可支配收入（城乡居民人民币储蓄存款年底余额）综合反映居民生活质量。

综上所述，概念模型的构建如图 5–1 所示。

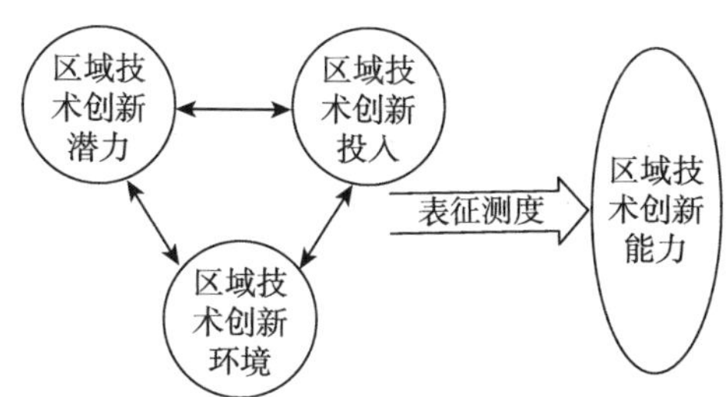

图 5–1　区域技术创新能力影响因素概念模型

第二节　区域技术创新能力指标体系构建

一、指标体系构建原则

评价区域技术创新能力，前提和关键是要构建科学合理、可量化的评价指标体系，在指标体系的构建过程中，应考虑到科学性与客观性、定量化与可操作性、权威性与典型性等原则[49]。

1. 科学性与客观性

评价指标体系从单个指标的选取、计算和分析，到指标集整体框架、结构，每一步都必须在对区域技术创新评价对象广泛调研、充分论证和深入研究的基础上，确保整个过程科学、合理，才能客观、真实地评价区域技术创新能力的真正水平，为区域创新发展提供可信的参考。同时，每级指标的命名、表示、设置也要有科学依据，指标的解释要有理有据，严格遵守学术规范。

科学性在一定程度上保障了客观性。即区域技术创新能力评价的基本指标体系的构建都不能仅仅依靠主观判断，要尽可能地依托客观实际情况；指标的计算尽可能使用客观方法，指标的等级尽可能选用客观标准；指标的解释要依据严谨的数据分析和严密的理论论证，不能主观臆断。

2. 定量化与可操作性

在指标选择过程中，尽可能选择可以量化的指标，定性指标通常无法直接代入模型进行测度，虽然有的定性指标在一定条件下可以转化为定量指标代入模型进行测算或比较，但转化过程可能对评价过程的准确性有影响。因此，为使测算结果具有更好的准确性和客观性，应尽量使用定量化指标，减少使用定性指标。

可操作性是在指标体系的选取过程中必须考虑的，虽然有的指标选取的意义重大，但无法获取相关数据时依然需要舍弃，除非可以运用相关科学方法进行转换。因此，可操作性要求在构建区域技术创新评价指标体系时，保证指标数据的可获得性、连续性、准确性，以及评价方法的可操作性，这些都是评价结果实现以及推广运用的前提。

3. 权威性与典型性

由于区域技术创新能力评价是区域创新能力评价的核心体系，是区域发展水平的重要表现，涉及面很广，因此，评价指标应确保权威性。所谓权威性，是指指标体系应尽可能地使用政府、统计局、相关政府管理机构等官方权威部门同年集合发布的指标，注意指标数据统计口径的一致性，即使某些年份部分数据出现缺失，需要使用其他数据推算的，也应该使用合适的方法，选取官方的权威数据进行推算。对于目前尚有争议，或者还处于学术争论当中的指标，应该尽可能舍弃。同时，部分指标虽然看似科学，但是如果需要复杂的理论推导和数学计算才能获得，也尽可能不予考虑，避免在推算过程中出现争议，或对数据原本性质出现偏颇解释。

典型性是指所选取的每个指标都包含尽可能多的信息，具有一定的独立性，尽量避免意义重叠、相关性强或者具有前后推导关系的指标，在确保全面反映区域技术创新能力的前提下，指标体系应尽量简洁，切勿盲目贪全求大，盲目堆砌指标，造成指标体系规模庞大，在实际应用中很不方便。太多的指标也容易造成数据收集和整理难度加大，最终使得评价结果偏离了实际。所以，评价指标体系应该是典型性与简洁性综合权衡的结果。

二、区域技术创新能力指标体系构建

综上所述，在区域技术创新能力影响因素分析的基础上，结合指标体系构建原则，测度区域技术创新能力影响因素指标体系，见表 5–1。

表 5–1　区域技术创新能力影响因素指标体系

一级指标	变量	二级指标	变量	三级指标	变量
技术创新潜力	u_1	人力资源潜力	Z_1	大专以上学历者比重（%）（人 / 每千人）	x_1
				在校大学生数（万人）	x_2
				地方财政教育支出（百亿元）	x_3

续表

<table>
<tr><th>一级指标</th><th>变量</th><th>二级指标</th><th>变量</th><th>三级指标</th><th>变量</th></tr>
<tr><td rowspan="9">技术创新潜力</td><td rowspan="9">u_1</td><td rowspan="6">经济物质基础</td><td rowspan="6">Z_2</td><td>地区生产总值（百亿元）</td><td>x_4</td></tr>
<tr><td>外商直接投资额（百亿元）</td><td>x_5</td></tr>
<tr><td>贸易开放程度（%）</td><td>x_6</td></tr>
<tr><td>新增科学研究、技术服务和地质勘查业全社会固定资产投资 / 新增全社会固定资产投资（%）</td><td>x_7</td></tr>
<tr><td>产业集聚水平</td><td>x_8</td></tr>
<tr><td>市场化程度</td><td>x_9</td></tr>
<tr><td rowspan="3">创新知识潜力</td><td rowspan="3">Z_3</td><td>图书出版数（亿册、张）</td><td>x_{10}</td></tr>
<tr><td>互联网上网人数（千万人）</td><td>x_{11}</td></tr>
<tr><td>知识产权保护</td><td>x_{12}</td></tr>
<tr><td rowspan="8">技术创新投入</td><td rowspan="8">u_2</td><td rowspan="3">人力资本投入</td><td rowspan="3">Z_4</td><td>研究与试验发展人员（千人）</td><td>x_{13}</td></tr>
<tr><td>从事科学研究、技术服务和地质勘查业的城镇就业人员（万人）</td><td>x_{14}</td></tr>
<tr><td>高技术产业研发人员折合全时当量（千人 / 年）</td><td>x_{15}</td></tr>
<tr><td rowspan="5">创新经费投入</td><td rowspan="5">Z_5</td><td>高技术产业研发内部经费支出（万元）</td><td>x_{16}</td></tr>
<tr><td>研发经费与地区生产总值比例（%）</td><td>x_{17}</td></tr>
<tr><td>研究与试验发展经费支出（百亿元）</td><td>x_{18}</td></tr>
<tr><td>财政干预程度（%）</td><td>x_{19}</td></tr>
<tr><td>规模以上工业企业开发新产品经费（百亿元）</td><td>x_{20}</td></tr>
<tr><td rowspan="4">技术创新环境状况</td><td rowspan="4">u_3</td><td>环境卫生条件</td><td>Z_6</td><td>卫生人员数（万人）</td><td>x_{21}</td></tr>
<tr><td rowspan="3">经济发展状况</td><td rowspan="3">Z_7</td><td>人均生产总值（万元 / 人）</td><td>x_{22}</td></tr>
<tr><td>全社会固定资产投资（千亿元）</td><td>x_{23}</td></tr>
<tr><td>金融发展程度（%）</td><td>x_{24}</td></tr>
</table>

续表

一级指标	变量	二级指标	变量	三级指标	变量
技术创新环境状况	u_3	居民生活质量	Z_8	固定电话年末用户（千万户）	x_{25}
				邮电业务总量（千亿元）	x_{26}
				移动电话年末用户（千万户）	x_{27}
				城乡居民人民币储蓄存款年底余额（千亿元）	x_{28}
技术创新产出	u_4	技术创新成果	Z_9	（三种专利）国内专利申请授权量（万项）	y

注：

① 在校大学生数：普通高等学校本科招生数（万人）。

② 贸易开放程度：用进出口总额占地区生产总值的比重表示。

③ 产业集聚水平用产业集聚程度表示，其中，产业集聚程度用区位熵法测算各地区的产业聚集程度。计算公式为：$lq=\frac{x_{ij}\Big/\sum_{i}x_{ij}}{\sum_{j}x_{ij}\Big/\sum_{i}\sum_{j}x_{ij}}$。

式中，i 表示第 i 产业，j 表示第 j 地区，x_{ij} 为第 j 地区第 i 产业的产值指标。

④ 市场化程度：1998—2009 年市场化指数采用樊纲等 [50] 计算的数据，2010—2016 年的数据借鉴樊纲的计算方法，根据 1997—2009 年樊纲计算出的市场化指数，采用 MATLAB 插值法进行估计得到。

⑤ 知识产权保护：用技术市场成交额（亿元）占地区生产总值的比重表示。

⑥ 财政干预程度：用地方财政科技拨款占地方财政支出的比重表示。

⑦ 金融发展：用金融机构存贷款余额占地区生产总值的比重表示。

第六章　区域技术创新能力影响因素筛选

本章主要在影响因素筛选作用分析的基础上，运用LASSO、自适应LASSO和弹性网三种方法对影响区域技术创新能力的主要因素进行筛选，并通过构建模型预测误差评价指标对三种模型的筛选结果进行预测分析，最终筛选出对区域技术创新能力影响显著的因素。

第一节　影响因素筛选的作用

一、影响因素筛选的意义

在建立模型时，为了尽量减少因缺少重要自变量导致的模型估计偏差，人们通常会尽可能多地选择自变量；而在实际建模过程中，从统计学角度讲，通常需要寻找对响应变量最具有解释性的自变量子集，即变量选择问题，来提高模型的解释性和预测精度。从计量模型构建过程来说，当解释变量偏多时，回归方程就会变得不够简单，并且不是所有的解释变量都对被解释变量有很好的解释作用，因此，在多变量分析中，变量的选择至关重要。如一些共性高的指标在指标体系中，会造成信息过度冗余，使得评价结果偏离实际。所以，在建立模型时，需要把一些对被解释变量解释性不强的解释变量剔除，变量的选择在建立模型过程中具有重要的意义。

在变量选择过程中，应该满足以下一些要求[51]：模型预测具有准确性；模型具有可解释性，即模型中选择得到自变量在专业上是合理的、科学的；模型具有稳定性，即数据集中、数据微小的变动不会导致模型较大变动；应尽量避免在假设检验中出现偏倚；应尽量控制计算的复杂度。

二、影响因素筛选方法的选择

影响因素筛选的方法很多，如聚类、偏最小二乘法、主成分回归、岭回归、基于树的集成方法等，这些方法都只能达到其中的部分目标。通过聚类法得到的模型对于聚类算法过于敏感；偏最小二乘法与主成分回归法通常根据累积贡献率、特征根的大小、统计学意义等准则选取成分，所得模型虽结构简约，估计稳定，但估计是有偏的[52]，同时所得到的主成分虽或有一定的实际意义，但是不能清晰地解释单个协变量的效应[53]；岭回归法虽能较好地处理变量间的多重共线性，是一个连续的过程，模型比较稳定，但是它无法将某些回归系数压缩为 0，估计的模型中包含所有的自变量，它不能降低维度而无法提供一个系数的模型，也就无法给出一个稀疏解，模型的可解释性不好；树的集成方法则因调整参数过多，导致结果的可解释性往往较差。LASSO（least absolute shrinkage and selection operator）变量选择方法可以提供一个稀疏解，该方法使用模型系数的绝对值函数作为惩罚策略来压缩模型系数，使一些与 y 的效应非常弱的回归系数变小，甚至直接变为零。LASSO 方法很好地克服了传统方法的不足。近年来，随着计算机技术的迅猛发展和大数据时代的到来，LASSO 方法备受关注。

1. LASSO 模型

LASSO 方法最由蒂布希尼（Tibshirani）提出[54]，用来进行变量选择，其本质是用模型系数的绝对值函数作为惩罚因子的最小二乘估计，通过把 OLS 方法估计得到的系数压缩为 0，从而进行显著性变量选择和参数估计，其数学表达式为：

$$Y = X^T \beta + \varepsilon \tag{6–1}$$

式中，$Y=(y_1, y_2, \cdots, y_n)^T$ 为响应变量，n 为样本容量，$X=(X_1, X_2, \cdots, X_n)$ 为 p 维预测变量，$X_i=(X_{i1}, X_{i2}, \cdots, X_{ip})^T$，$i=1, 2, \cdots, n$，$\beta=(\beta_1, \beta_2, \cdots, \beta_p)^T$ 稀疏，即 $\beta_1, \beta_2, \cdots, \beta_p$ 有很多系数为零，$\varepsilon=(\varepsilon_1, \varepsilon_2, \cdots, \varepsilon_n)^T$ 是正态分布随机误差，即 $\varepsilon \sim N(0, \sigma^2 I_n)$。假设观测数据 (y_i, x_{ij}), $i=1, 2, \cdots, n, j=1, 2, \cdots, p$ 已经过中心标准化处理，即：

$$\frac{1}{n}\sum_i y_i = 0,\ \ \frac{1}{n}\sum_i x_{ij} = 0,\ \ \frac{1}{n}\sum_i x_{ij}^2 = 1 \tag{6–2}$$

在下文中，除特别说明外，数据（X, Y）均为已经过中心标准化处理的数据。对固定非负数 λ，LASSO 方法定义如下：

$$\hat{\beta}(\text{LASSO}) = \arg\min_{\beta}\left\{\left\|Y - X^T\beta\right\|^2 + \lambda\|\beta\|_1\right. \tag{6–3}$$

式中，$\|\cdot\|^2 = \sum_{j=1}^{p}\left(\cdot^2\right)_j$，$\|\beta\|_1 = \sum_{j=1}^{p}\left|\beta_j\right|$。

LASSO 方法不仅继承了传统方法的优点，而且具有有效的算法，即最小角回归算法（Least Angel Regression，Lars 算法），使其在统计学中受到更为广泛的关注与研究。Lars 算法是由 Efron 等提出的，目前在 Matlab、SAS 以及 R 语言中都有 Lars 算法程序包，直接调入就能进行变量选择的有关计算，非常方便实用。

2. 自适应 LASSO 模型

从 LASSO 方法的数学表达式可以看出，LASSO 方法对所有的参数都做相同的压缩，会产生较大的偏差。而自适应 LASSO 方法的出现将其进行了改进，根据 LASSO 方法的定义式（6–3），邹（Zou）等[55] 提出了一个改进方法，即自适应 LASSO 方法，设：

$$\hat{\beta}(\text{ALASSO}) = \arg\min_{\beta} \sum_{i=1}^{n} \left(y_i - \sum_{j=0}^{p} \beta_j x_{ij} \right)^2 + \lambda \sum_{j=1}^{p} \hat{w}_j \left| \beta_j \right| \tag{6–4}$$

式中，$\hat{w}_j = \left(\left| \hat{\beta}_{j(Ols)} \right| \right)^{-\gamma}$ 是最小二乘估计系数，γ 是一个正常数。

可以看出，式（6–4）是在式（6–3）的基础上对每个系数进行加权，也就是说将惩罚项设置为系数绝对值的加权平均，在一定程度上克服了 LASSO 方法对系数过度压缩的缺点，具有 Oracle 性质。

3. 弹性网

邹和哈斯蒂（Hastie[55]）在 LASSO 的基础上，通过引入系数的二次乘法，提出了弹性网的概念。弹性网与 LASSO 的关系有点类似于最小二乘估计和岭回归估计的关系。弹性网不仅能有效地进行模型的选择，而且能有效地处理自变量数目大于样本容量的问题。

假设数据集有 n 个观测值和 p 个变量，不失一般性，我们常常假定响应变量 y 是中心化的，X 是标准化的，所以有：

$$\sum_{i=1}^{n} y_i = 0, \sum_{i=1}^{n} x_{ij} = 0, \sum_{i=1}^{n} x_{ij}^2 = 1, j = 1, 2, \ldots, p \tag{6–5}$$

对于固定的两个非负数 λ_1、λ_2，定义目标函数为：

$$L(\lambda_1, \lambda_2, \beta) = |y - X\beta|^2 + \lambda_1 |\beta|^2 + \lambda_2 |\beta|_1 \tag{6–6}$$

式中，$|\beta|^2 = \sum_{i=1}^{p} \beta_i^2$，$|\beta|_1 = \sum_{j=1}^{p} |\beta_i|$。

定义弹性网估计：

$$\hat{\beta} = \arg\min_{\beta} L(\lambda_1, \lambda_2, \beta) \tag{6–7}$$

使 $\alpha = \lambda_2 / (\lambda_1 + \lambda_2)$，则上式可等价于：

$$\begin{cases} \hat{\beta} = \arg\min_{\beta} |y - X\beta|^2 \\ \text{s.t.} (1-\alpha)|\beta|_1 + \alpha |\beta|^2 \leqslant t \end{cases} \tag{6–8}$$

则称 $(1-\alpha)|\beta|_1 + \alpha|\beta|^2$ 为弹性网罚，它是LASSO和岭回归估计的一个凸组合。本书中，我们用 R 语言利用交叉验证选择最小均方误差值处的 α，且考虑其取值为 [0,1]。对于弹性网方法的算法，只要通过变换将弹性网方法的解表达成类似于 LASSO 方法的解的形式，就能利用 Lars 算法得出弹性网方法的解。

从 LASSO 方法的估计过程可以看出，LASSO 方法对每个系数都做相同的压缩。2006 年，林苑（Yuan）和林（Lin[56]）指出了该方法给出的估计在某些情况下是不相符的。因此，下面主要对 LASSO 模型和改进后的方法进行对比分析。

1. LASSO 模型与自适应 LASSO 模型比较

一般情况下，用 LASSO 模型进行变量选择，选择的结果对重要变量的系数估计是有偏差的，不具有 Oracle 性质[57]：第一，可以挑选出不包含无关变量的真实模型；第二，重要变量的系数估计具有和真实模型已知时系数估计一样的大样本性质。而邹提出的自适应 LASSO 方法具有 Oracle 性质，而且有效减少了模型参数估计的偏差，对 LASSO 方法从变量选择上进行了改进。

2. LASSO 模型与弹性网比较

另外，在使用 LASSO 模型进行变量筛选时，也存在一定的局限性。例如，对于 $\boldsymbol{N}\times\boldsymbol{P}$ 的设计矩阵来说，最多只能选出 min（$\boldsymbol{N}$，$\boldsymbol{P}$）个变量[58]。特殊情况下，LASSO 方法不能很好地进行变量的选择，特别是如果预测变量具有群组效应。利用 LASSO 模型，只能选出其中一个预测变量。而弹性网的出现，弥补了这一缺点。弹性网模型既具有 LASSO 回归又具有岭回归的优点，既能达到变量选择的目的，又具有很好的群组效应。

在模型选择方面，LASSO 方法存在对系数过度压缩的缺点，自适应 LASSO 方法在进行变量选择时，会选择出来较多的变量，即将影响不显著的变量也筛选出来，二者对变量的选择结果都存在一定的缺陷。因此，本书将采用弹性网方法对区域技术创新能力的影响因素进行分析，并选用 LASSO 方法和自适应 LASSO 方法作为对比，通过比较三种模型预测的相对误差来验证模型的准确率，以期为区域技术创新能力的关键影响因素筛选提供理论借鉴。

第二节　区域技术创新能力关键影响因素甄别

结合表 5–1 所构建的区域技术创新能力影响因素指标体系，本节主要对其进行影响因素的筛选，从而甄别出关键影响因素，为后续实证分析奠定基础。

一、数据来源与数据预处理

1. 数据来源

本章所有操作均采用 R 语言、stata 完成。在进行变量选择阶段，由于本书指标选取量较多，数据获取难度较大，为了保证本书需要的数据在研究年限内具有统一的衡量标准，由于我国新疆、西藏、台湾地区、香港特区及澳门特区部分指标数据的缺失，因此，在选取数据时，选取除我国新疆、西藏、台湾地区、香港特区及澳门特区以外的 29 个省（自治区、直辖市）2008—2016 年的面板数据进行实证研究，部分指标的数据来源于统计年鉴的原始数据，部分指标的数据则通过熵值法和 matlab 插值法进行计算。此外，在变量选择阶段，本书将样本分为训练集和测试集，随机抽取样本的 70% 为训练集，30% 为测试集，目的是最后运用选择出的变量对模型进行预测，进而检验模型的准确率。表 6–1 为样本数据的详细情况。

表 6–1　样本数据

样本	样本数
训练集	149
测试集	54

2. 数据预处理

在进行实证模型的研究时，因为数据之间量纲和量级的不同，在估计时可能产生估计误差，降低模型的识别能力，因此，在建立模型前，对数据进行归一化处理，消除不同量纲和不同数据量级对模型的影响是必需的。本书采用以下方法将所有变量归一化到 0~1 ：

$$s_t^{'} = \frac{s_t - \min(s_t)}{\max(s_t) - \min(s_t)} \qquad (6–9)$$

式中，s_t 是原始的变量序列，$s_t^{'}$ 是归一化后的序列。$\min(s_t)$ 和 $\max(s_t)$ 是模型训练阶段中个变量的最小值和最大值。

二、变量相关性分析

1. 描述性统计分析

集中趋势在统计学中指一组数据向其中心点靠拢的程度。度量集中趋势的方法有算数平均值和调和平均数等数值平均值方法，也可以用众数或中位数等位置平均数。本书使用算数平均值（也称为均值）来度量所有变量的集中趋势，其定义如下：

$$\bar{x} = \frac{1}{n}\sum_{i=1}^{n} x_i \tag{6–10}$$

其中，$\bar{x}$ 是平均值，$\{x_i\}_{i=1}^{n}$ 是数据序列，n 为数据的个数。

平均值可以描述数据集的中心趋势，所有数据到平均值的距离可以用离散程度来度量。如果所有的数据集中在平均值的附近，即平均值有很强的代表性，数据的离散程度就小；相反，数据分散在平均值的范围越宽，数据的离散程度就越大，平均值的代表性就越小。所以，除平均值外，离散程度也用来评价数据。本书使用标准偏差度量数据序列的离散程度，其定义如下：

$$\text{std} = \sqrt{\frac{1}{n-1}\sum_{i=1}^{n}(x_i - \bar{x})^2} \tag{6–11}$$

表 6–2　原始变量的描述性统计分析

变量	平均值	标准差	最小值	最大值
y	34.849	53.324	0.228	270
x_1	9.3	6.67	0.29	39.3
x_2	81.07	46.6	4.22	199.6
x_3	594.3	392.8	48.81	2318
x_4	19095	15331	1019	80855
x_5	1000000	2.80×10^{-6}	3.60×10^{-7}	6110
x_6	5.90×10^{-7}	1.20×10^{-8}	5.90×10^{-8}	4147
x_7	7780	6687	230.2	36519
x_8	5696	5414	339.8	26920
x_9	8.71	2.45	3.25	15.49
x_{10}	9774	18633	327	170000
x_{11}	1841	1378	102	8024
x_{12}	209.9	486	0.56	3941

续表

变量	平均值	标准差	最小值	最大值
x_{13}	72697	94473	554	450000
x_{14}	11.56	10.04	1.19	68.98
x_{15}	18857	35957	13.2	220000
x_{16}	580000	1.20×10^{-6}	8.50×10^{-6}	167
x_{17}	0.96	0.52	0.06	2.15
x_{18}	242.2	321.3	0.88	1676
x_{19}	1.95	1.38	0.39	7.2
x_{20}	2.70×10^{-6}	3.70×10^{-6}	2.30×10^{-7}	1177
x_{21}	52.45	18.84	22	155
x_{22}	43045	22687	9855	120000
x_{23}	12923	9805	583.2	53323
x_{24}	2.77	1.52	-8.93	13.28
x_{25}	925.1	682.9	70.5	3573
x_{26}	808.5	751	48.29	5404
x_{27}	3555	2577	247.2	14943
x_{28}	13356	10486	580.5	57449

由表 6–2 可知，各变量指标之间存在较大的差异，主要表现在变量指标最大值与最小值之间的差距、标准差的值。各变量之间出现明显的极化现象，是导致最终测算出来的区域技术创新能力出现明显差异的原因，因此，分析影响区域技术创新能力的因素至关重要。

2. 相关性分析

本书选取 28 个与区域技术创新能力相关的指标，使用统计学中的皮尔森相关系数来量化相关程度。相关性分析可以初步判断变量间是否存在多重共线性，相关系数的计算见式（6–12）：

$$r=\frac{\sum_{i=1}^{n}(x_i-\bar{x})(y_i-\bar{y})}{\sqrt{\sum_{i=1}^{n}(x_i-\bar{x})^2}\sqrt{\sum_{i=1}^{n}(y_i-\bar{y})^2}} \tag{6–12}$$

式中，$\bar{x}$ 和 $\bar{y}$ 是序列 $\{x_i\}_{i=1}^{n}$ 和 $\{y_i\}_{i=1}^{n}$ 的平均数。相关系数大于 0，那么一个变量的增加会导致另一个变量的增加；相关系数小于 0，一个变量的增加会导致另一个变量的减少。相关系数的取值范围为是 –1~1，其绝对值越接近于 1，线性相关性越大；其绝对值越接近于 0，线性相关性越小。

经过对各变量的相关性进行分析，得出结论：变量之间相关性较强，在研究它们对区域技术创新能力的影响时，可能存在多重共线性的问题，因此本书先对各影响因素进行变量选择。

三、变量选择与结果分析

1. 变量选择过程分析

本书选取了 28 个变量对区域技术创新能力进行评估，但所选取的变量并非都对其有显著影响，且变量之间可能存在多重共线性等问题，因此选择弹性网方法对所选择的 28 个变量进行筛选和参数估计，并以 LASSO 模型、自适应 LASSO 模型作为对比分析。其中，弹性网和 LASSO 模型调用 R 软件中的 glmnet 程序包，自适应 LASSO 调用 R 软件中的 msgps 程序包执行。

（1）系数解路径。

系数解路径在变量筛选过程中具有重要的作用。图 6–1 和图 6–2 所示为回归系数解的路径，图 6–1 所示是弹性网方法的系数解路径，图 6–2 所示为 LASSO 方法的系数解路径。其中，图 6–1（a）和图 6–2（a）所示是随范数变化的路径，图 6–1（b）和图 6–2（b）所示是随调整参数 lambda 变化的路径。由图可以看出随着范数 *t* 变小（或者是惩罚参数 lambda 变大），一些不重要的变量会被剔除，对响应变量重要的、有解释力的变量会保留下来。

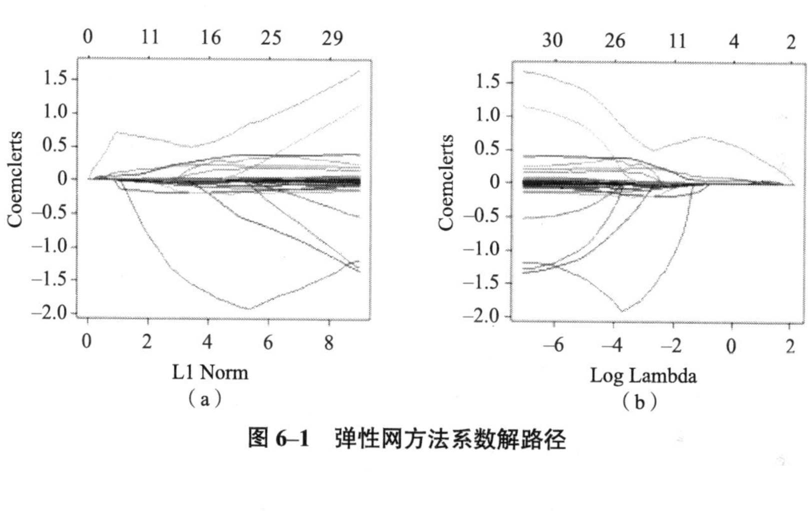

图 6–1 弹性网方法系数解路径

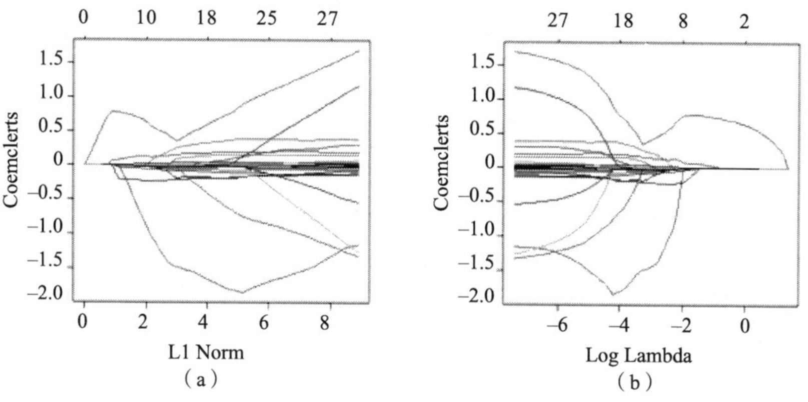

图 6–2 LASSO 方法系数解路径

（2）调整参数 lambda 的确定。

为得到预测准确率更高的模型，对 lambda 的格点值进行 10 折交叉验证，最终选取最小交叉验证误差的 1 倍标准误差内最大的 lambda 值，按照得到的 lambda 值，用全部数据重新拟合模型。

图 6–3 所示是不同调整参数 lambda 的交叉验证误差，图中的两条虚线中，左边对应的是使交叉验证误差最小的 lambda，右边对应的是最小交叉验证误差的 1 倍标准误差内最大的 lambda。

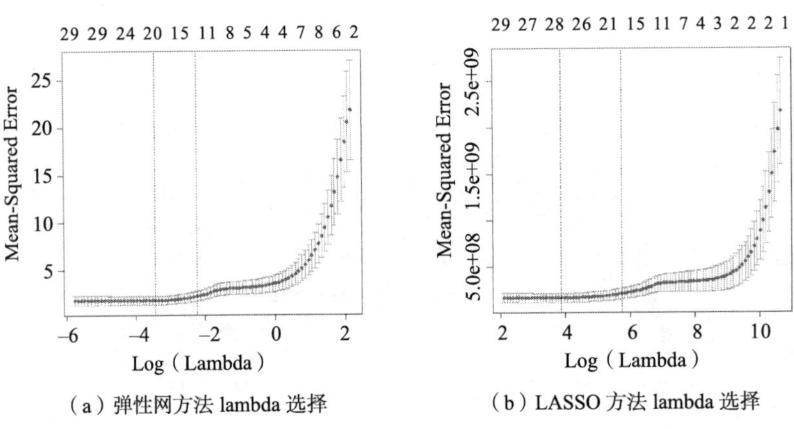

（a）弹性网方法 lambda 选择　　（b）LASSO 方法 lambda 选择

图 6–3　lambda 选择

2. 变量选择结果分析

为减小随机性带来的误差，对变量选择进行了 300 次循环，各变量在 300 次循环当中被选的次数见表 6–3。

表 6–3　变量被选次数统计表

	弹性网		LASSO		自适应 LASSO		P 值
	选择次数	系数估计值	选择次数	系数估计值	选择次数	系数估计值	
_cons	300	–0.01937	300	–0.23353	300	–1.02304	0.00000
x_9	300	0.00710	300	0.165621	300	0.15151	0.00000
x_{13}	300	0.00107	300	0.041267	300	0.04416	0.00000
x_{20}	300	0.01907	300	0.457334	300	1.25167	0.00000
x_2	300	–0.00226	299	–0.07365	300	–0.07439	0.00000
x_6	300	–0.04647	299	1.47058	300	–1.00214	0.00000
x_{24}	300	0.00602	299	0.20190	300	1.09207	0.00000
x_{16}	300	–0.00033	299	–0.01299	300	–0.03060	0.00000
x_{21}	300	0.00142	299	0.05303	300	1.57306	0.00000
x_{12}	300	–0.00085	299	–0.03252	0	0	0.00002
x_8	300	0.00821	298	0.25893	300	0.58839	0.00000
x_{22}	300	–0.00449	298	–0.14068	300	0.07741	0.00514
x_3	258	0.00176	257	0.09022	300	0.06942	0.00000
x_{17}	258	0.00001	225	0.00028	0	0.00000	0.00002
x_{25}	235	0.00317	67	0.03554	300	0.44999	0.00000
x_{18}	141	–0.00459	131	–0.21407	300	–1.13647	0.82147

注：表中 _cons 表示截距项，P 值为 t 检验的 p 值，此处为 5% 显著性水平下的 P 值。

（1）变量选择结果。

从表 6–3 可以看出，当采用弹性网方法进行变量筛选时，筛选次数超过循环次数 300 的 1/2 的变量有 14 个，并且在 5% 的显著性水平下都通过检验。其中，市场化程度（x_9）、研究与试验发展人员（x_{13}）、规模以上工业企业研发新产品经费（x_{20}）、金融发展（x_{24}）、卫生人员数（x_{21}）、知识产权保护（x_{12}）、产业集聚水平（x_8）、地方财政教育支出（x_3）、研发经费与地区生产总值比例（x_{17}）和邮电业务总量（x_{25}）与区域技术创新能力正相关；而在校大学生数（x_2）、贸易开放程度（x_6）、高技术产业研发内部经费支出（x_{16}）和人均地区生产总值（x_{22}）与区域技术创新能力负相关。

从正相关变量选择结果分析，研究与试验发展人员是研发活动投入的重要主体，人力资本要素与其他要素的配置比例以及人力资本内部结构和质量都决定着技术创新水平和效率，随着研发人力资本投入力度的加大，技术创新水平将不断提高。规模以上工业企业研发新产品经费、研发经费以及金融发展是促进技术创新能力发展的重要经济基础，为创新活动的开展提供保障，对技术创新有正向促进作用。卫生人员数这一量化指标用来度量医疗保障程度，在一定程度上反映了我国医疗卫生事业的发展。良好的卫生医疗条件为区域技术创新能力的提高提供了良好的创新环境，因此，适量的卫生人员数有利于促进区域技术创新能力的提高。知识产权保护是指对专利所有者一定期限的“垄断所有权”的一种法律保护，保护所有权人持续创新的积极性，而只有持续不断地创新才能积累技术存量，推动技术创新能力的提升。从这个角度讲，知识产权保护制度对于技术创新具有积极意义。产业集聚是技术创新的载体，能够加速研发人员创造的科研成果在集聚区内快速传播、强化知识溢出效应，进而加快企业技术创新。随着地方财政教育支出的增加，人力资本将会提高，即相同的劳动数量可创造更多的劳动价值，进而带动区域经济的发展。因此，地方财政教育支出的增加对区域技术创新能力也有正向的促进作用；邮电业务总量表示信息基础设施产出的综合性指标[59]。邮电业务总量的增加，意味着信息基础设施的不断完善，进而促进地区之间在文化、经济等方面的交流，推动区域创新能力的发展。而市场化程度对区域技术创新的影响在学界一直存有争议。Schumpete

认为垄断程度与技术创新成正比，Arrow 则认为完全竞争比垄断的市场结构更有利于技术创新。本书的研究结果表明：市场化程度在一定程度上可促进区域技术创新能力的提高。

从负相关变量选择结果分析。在校大学生目前正处于人才培养的阶段，对区域技术创新能力的影响相对滞后性。因此，根据通过检验结果我们可以发现，目前在校大学人数与当期区域技术创新能力的影响负相关。贸易开放程度与区域技术创新并不是单纯的线性关系 [60]，在某种条件下，贸易开放程度对区域技术创新能力的发展起到抑制作用，特别是高技术产业研发内部经费支出。有文献 [61] 指出，研发资本投入只有在进口贸易规模跨越门槛值 2.4186 时，才能显著促进区域技术创新。而目前我国 2008—2016 年的进出口贸易规模仅为 0.2847，未跨越 2.4186 门槛值。因此，在总体水平上，高技术产业研发内部经费支出对区域技术创新能力的发展起到一定的抑制作用。人均生产总值反映经济的发展水平，经济发展水平的高低直接决定着经济环境的优劣，但近年来，伴随着经济的发展，环境污染问题加剧，也会在一定程度上抑制经济的增长。

从变量相关程度分析，贸易开放程度的系数绝对值最大，为 0.04647；研发经费与地区生产总值比例的系数绝对值最小，仅为 0.00001。这表明在影响区域技术创新能力的因素中，贸易开放程度对区域技术创新能力的影响最大，研发经费与地区生产总值的比例对区域技术创新能力的影响最小。

（2）弹性网筛选结果分析。

根据表 6–3，采用 LASSO 方法对变量进行筛选时，在 5% 的显著性水平下，邮电业务总量（x_{26}）和研究与试验发展经费支出（x_{18}）都通过显著性检验，但两个变量仅分别被选择了 67 次和 131 次，小于循环次数的 1/2。这一结论进一步验证了 LASSO 方法存在对系数过度压缩的缺点，即在变量筛选时，存在将显著性变量剔除的可能。

采用自适应 LASSO 方法对变量进行筛选时，在 5% 的显著性水平下，研究与试验发展经费支出（x_{18}）未通过显著性检验，而变量 x_{19} 被筛选了 300 次，与 LASSO 筛选结果相反，进一步验证了自适应 LASSO 对变量具有过度筛选的特点，即将不显著的变量筛选出来。

而采用弹性网方法选出的变量既可以剔除不显著的变量，又可以将显著的变量筛选出来，同时，也可以保留某些相关性很强且很有价值的原有数据的群组效应，使得它们系数均不为 0；而对于某些相关性很强但不是很有价值的变量，在筛选的过程中系数估计均为 0。这样一来，用弹性网选择出的变量相较于另两种方法，不仅具有群组性，而且在估计过程中尽可能地减少了偏差，保证了模型的真实性，从而克服了 LASSO、自适应 LASSO 的缺点。

综上，在对区域技术创新能力的影响因素进行实证分析时，可重点考察市场化程度（x_9）、研究与试验发展人员（x_{13}）、规模以上工业企业开发新产品经费（x_{20}）、金融发展（x_{24}）、卫生人员数（x_{21}）、知识产权保护（x_{12}）、产业集聚水平（x_8）、地方财政教育支出（x_3）、研发经费与地区生产总值比例（x_{17}）、邮电业务总量（x_{25}）、在校大学生数（x_2）、贸易开放程度（x_6）、高技术产业研发内部经费支出（x_{16}）和人均地区生产总值（x_{22}）。这样能更准确地了解重要的影响因素，进而提高区域创新能力预测的精确性与可靠性。

（3）弹性网方法使用可行性说明。

由于弹性网模型是针对如何处理强相关变量而提出的变量选择方法，它能有效选择变量并估计参数 [62]。目前，利用弹性网方法进行变量选择已广泛应用于各个研究领域 [63, 64]，在相关文献中可以看出，弹性网方法在变量选择问题中具有可行性。所以，从方法运用这个角度讲，本章运用弹性网方法进行区域技术创新能力影响因素的选择，结果是可信的。

四、模型预测误差比较

为更准确地选取有效模型，运用前文循环 300 次的系数，采用 LASSO 模型、弹性网模型和自适应 LASSO 模型对区域技术创新能力进行预测并对预测效果进行评价，最终计算出各模型的预测误差值，见表 6–4。

表 6–4　模型预测效果评价指标比较

	模型	*RMSE*	排名	*MAE*	排名	*MAPE*	排名
测试集	LASSO	1.0682	3	0.6083	3	1.2474	3
	弹性网	0.7130	1	0.4905	1	1.0463	1
	自适应 LASSO	1.0484	2	0.5652	2	1.1098	2
训练集	LASSO	2.2229	3	1.3831	3	1.0218	3
	弹性网	0.9446	1	0.6653	1	0.9259	1
	自适应 LASSO	2.1648	2	1.3181	2	0.9280	2

其中，误差均方根 $RMSE=\sqrt{\frac{1}{n}\sum_{t=T+1}^{T+n}(\hat{y}_t-y_t)^2}$；绝对误差平均 $MAE=\frac{1}{n}\sum_{t=T+1}^{T+n}\left|\hat{y}_t-y_t\right|$；相对误差绝对值平均 $MAPE=\frac{1}{n}\sum_{t=T+1}^{T+n}\left|\frac{\hat{y}_t-y_t}{y_t}\right|$。公式中，$T$ 表示样本容量，n 表示样本外预测期数，$\hat{y}_t$ 表示预测值，y_t 是实际值。

表 6–4 给出了三种模型对训练集和测试集预测效果的比较，可以看出，无论运用哪种预测误差评价指标，无论是用训练集还是测试集，弹性网模型的预

测效果最好，其次为自适应 LASSO 模型，LASSO 模型的预测效果最差。因此，从研究结果来看，运用弹性网模型对区域技术创新能力进行分析具有更高的可信度。

五、研究结论

本书选取 29 个省（自治区、直辖市）2008—2016 年的面板数据作为研究对象，从技术创新潜力、技术创新投入、技术创新环境状况三大方面选取了 28 个影响因素，运用弹性网方法对区域技术创新能力影响因素进行研究，并与自适应 LASSO 和 LASSO 方法作对比分析，得出以下结论。

1. 模型选择方面

通过对弹性网、LASSO 与自适应 LASSO 三种估计方法的比较，我们发现：LASSO 存在对变量删减过度的问题；自适应 LASSO 存在对变量过度筛选的问题；而弹性网既克服了对变量过度删减的问题，又可以将显著的变量筛选出来。

2. 变量选择方面

第一，市场化程度、研究与试验发展人员、规模以上工业企业研开新产品经费、金融发展程度、卫生人员数、知识产权保护、产业集聚水平、地方财政教育支出、研发经费与地区生产总值比例和邮电业务总量与区域技术创新能力正相关，其中规模以上工业企业研发新产品经费的影响系数最大。这表明在其他条件不变情况下，规模以上工业企业开发新产品经费对区域技术创新能力的影响最大。

第二，普通高等学校本科招生数、贸易开放程度、高技术产业研发内部经费支出和人均生产总值与区域技术创新能力负相关，其中贸易开放程度的系数绝对值最大，高技术产业研发内部经费支出的系数绝对值最小。这表明在其他条件不变时，贸易开放程度对区域技术创新能力的影响最大，高技术产业研发内部经费支出对区域技术创新能力的影响最小。

3. 误差预测方面

无论是训练集中，还是在测试集中，对区域技术创新能力进行预测时，弹性网模型预测的相对误差最小，其次是 LASSO 模型，自适应 LASSO 模型的误差率最高。这说明弹性网具有较高的外推性。

因此，采用弹性网模型对区域技术创新能力影响因素进行分析，可以更准确地选择指标体系，并可构建影响区域技术创新能力模型，提高区域技术创新能力预测的效果。

第三节　对策建议

为更好地发挥各影响因素对区域技术创新能力的促进作用，政府不仅要创造良好的技术创新环境，为技术创新能力的发展提供良好的外界环境，而且要增加技术创新投入，开发技术创新的潜力，为技术创新能力的发展提供充足的物质基础。通过对抑制区域技术创新能力的影响因素进行分析，得出目前抑制区域创新能力技术的因素大多是由于环境污染引起的，因此，为更好地促进区域技术创新能力的发展，应建设资源节约型和环境友好型社会，具体做法如下。

第一，增加地方财政教育支出，加大对人力资本的投入和对知识产权的保护力度；努力提高市场化程度，积极发展产业集聚，加快地区间的技术和资本流动，推动地区间产业转移、交流互动，贯彻先富带后富的理念；完善金融发展环境，改善和加强金融监管，加强地区之间的金融合作，提高资本的融合度，实现金融资本的最优配置；强化研发经费投入的意识，开辟多元化资金引入渠道，提高科研经费的投入。

第二，建立科技创新机制，构建科技创新体系，整合科技资源，积极开发和推广资源节约、替代和循环利用技术，加快企业节能降耗的技术改造，发展循环经济；建立公众参与机制，开展环境教育，建立绿色校园，营造良好的环保氛围，将环保知识带到校外，引导全民保护环境，为区域技术创新能力的发展提供良好的环境基础。

第七章　区域技术创新影响因素实证分析

由于我国在创新过程中有很大一部分知识、技术、经验主要通过与发达国家之间进行经济交流来获取，因此与他国的经济和内嵌的知识、技术、经验之间的交流活动成为推动我国区域创新能力提升的主要途径。创新带来模仿，模仿又刺激创新，从而带动整体创新水平的提升[65，66]。同时，随着中国现代工业的迅速崛起和产业结构的转型升级，对外贸易的比较优势也相应发生了改变，禀赋优势从劳动密集型向资本、技术密集型快速转变[67]，产业转移成为推动区域技术创新扩散的重要途径。因此，在上述影响因素甄别筛选结果的基础上，本章主要从实证角度，对区域技术创新影响因素与产业转移之间的关系进行分析，结合影响因素筛选结果，对东部、中部和西部地区的技术创新能力进行分组回归，并在此基础上，使用面板门槛模型来分析影响因素对区域技术创新能力的非线性影响，从侧面回答影响因素对区域技术创新的影响机制。

第一节 产业转移对区域技术创新的影响作用

一、产业转移概述

产业转移作为国际资本流、技术流的重要载体，已经并且正在深刻改变、重塑世界经济版图。产业转移本质是“企业 / 产业—地域”相互作用的过程，是对某区域内不同地区行业在一定时期内集聚或转移结果的测度。产业转移本质上是一种区域之间的经济活动，是指由于资源供给或产品需求条件的变化，导致产业空间布局在不同区域间进行调整的经济现象。

产业转移的内涵有狭义和广义之分。狭义的产业转移是指企业将部分或全部生产功能由原生产地转移到其他地区的现象。广义的产业转移是指一定时期内由于区域间产业竞争优势消长转换而导致的产业区域重新选择的结果 [68]，梳理已有研究文献结果，借鉴文献 [69] 中关于产业转移的界定，产业转移概念界定存在以下代表性观点。

早在 1997 年，卢根鑫 [70] 就指出，产业贸易与产业投资促进了技术构成相似性与价值构成相异性的重合产业的成长，而重合产业的存在是导致国际产业转移的基础；陈建军 [71] 指出，产业转移是因资源条件或产品需求出现转变后，某些产业从某一地区或国家转移到另一地区或国家的一种经济过程；胡俊文 [72] 指出，产业转移是发达国家或地区通过贸易或投资活动等方式，将产业转移到欠发达国家或地区，从而带动产业结构的升级或优化，产业转移不仅包括衰退产业 [73]，而且包括成长产业 [74]。

产业转移与承接是一个事物的两个方面。对于产业转出方来说，是产业转移；而对于产业转入方来说，是产业承接。产业承接在产业转移的过程中起到了非常重要的作用，产业转移与产业承接不仅可以促进产业间的沟通，而且可以优化升级产业结构，进而促进区域技术创新的发展。

二、产业转移对区域技术创新的影响机制分析

新经济增长理论认为，技术进步是经济增长的源泉。而在开放性经济大环境下，获取技术进步的一个主要途径就是产业转移，由产业转移产生的技术溢出已成为发展中国家促进技术进步的重要手段。产业转移影响区域经济和创新活动，大部分研究证实国内产业转移对中国西部地区具有正向的技术溢出效应，承接地的经济发展水平、人力资本水平、自主创新水平、金融发展水平等形成了产业转移技术溢出的“门槛”[75，76]。

从理论上讲，与国外学者将产业转移定义为基于比较优势的产业国际间转移不同，国内学者从我国的大国特征出发，认为产业转移可以在一国内经济发展水平和资源禀赋差距较大的不同区域之间延续[77]，主要形成两个理论流派：一是在新经济地理框架下产业转移是基于区域非均衡发展格局而产生的经济空间组织再塑造的过程，一些学者将产业转移解释为不同产业空间集聚格局的动态变化[77]；二是在比较优势理论框架下产业转移遵循产业梯度理论的基本原理，并形成要素与资源的空间流动[78]。

从区域承接产业转移的影响机制进行分析，产业转移至承接地，根据比较优势、要素禀赋等相关理论，结合承接地的要素禀赋优势以及承接后的优势，在产业承接中，产业承接地通过吸收产业资本投资，跨区域企业将对承接地的

技术创新产生一定的促进作用。具体表现在，承接地的企业将会采取各种措施来吸引这些要素的进入，如进行产品创新、开发新的生产技术等，在产业联动的作用下，某种程度上承接地的低效率的垄断地位就会被打破，产业部门竞争加剧，促进承接地企业创新技术、生产全新的产品；同时利用全球价值链建立的契机，结合产业转移，承接地即使有许多阻碍，只要积极效仿、引进，一般也可以得到科技水平的提高以及管理方式的改进，最终使得承接地得到科技上的进步、经济发展的提升。

三、产业转移对区域技术创新的影响作用分析

自 20 世纪 70 年代以来，众多学者对国际产业转移进行了比较系统的理论研究。此后，产业转移理论不断丰富和发展，一些西方的产业转移研究有着较为完善的理论基础与市场条件。我国的经济体制与其他国家之间存在一定的差异，因此在理论方面也具有不同之处，具体在产业承接中，不同区域约束条件不同，表现出一定的差异性。伴随着产业转移，人力、资本、技术等资源也在流动，产业转移承载着资本流、技术流和信息流，转移企业地方嵌入可以为承接地集群产业升级、技术创新带来难得的机遇。这种现象被称为产业转移的技术溢出。对我国而言，近年来，东南沿海地区承接国外产业转移已经成为常态，并通过承接国外产业转移使得自身经济发展水平与技术创新能力大幅提升，并成为我国的经济引擎。如谢建国[79]、李伟庆[80]从区域层面进行研究，证实了区域产业转移会对技术创新产生显著正向溢出效应。关爱萍等[81]运用经典计量和空间计量分析方法对区际产业转移技术创新溢出效应也进行了实证研究。

区域承接产业技术转移，可以改善自身区域创新资源不足的现状，通过区域创新资源的流入和有效利用，优化配置区域科技资源、经济资源和生产要素，而且能在合作中不断提升自己的研发实力，获得大量的创新人才，使自身的创新能力得到提升。同时，跨区域的技术转移成为弥补区域科技资源差距和优化区域科技资源配置的必然选择。技术输出“源地”，技术输入“汇地”，带动当地高技术产业发展，提升创新能力。通过承接产业资源的定向转移，有利于解决当地高新技术产业资源吸引力不足的问题，逐步形成高技术产业集聚和规模效应。此外，通过引进其他区域的创新成果，可以实现创新空间溢出，有效提升合作区域的技术创新能力，实现跨越式发展。

第二节　金融发展、资源禀赋对区域技术创新的影响作用

对于中国区域创新活动而言，创新投入呈现出区域不均衡和内部结构不均衡两个典型特征。从区域创新要素的分布来看，由于经济发展阶段与要素禀赋的差异,各地区创新资本呈现非均衡发展的特征,创新要素的集聚效应异常明显。因此，本节主要从金融发展、资源禀赋两方面实证检验其对区域技术创新的影响作用。

一、金融发展对区域技术创新的影响作用分析

梳理已有文献研究结果，可以发现，近些年来，凡是涉及金融发展相关问

题的学术文献都会涉及莱文（Levine[82]）。其在已有金融发展理论和文献的基础上，研究提出了金融体系具有五个方面的功能：第一，对潜在的投资进行事前的信息生产；第二，监督投资行为与促进公司治理水平提升；第三，风险管理，对风险进行规避、分散及分担;第四，聚集与配置子基金;第五，降低交易成本，为商品和劳务的交易提供便利。

实质上，金融发展是经济金融化的过程，是一国国民经济中货币与非货币性金融工具总值在国民财富总值中所占比值不断提升额度的进程与趋势，主要体现在以下三个方面。一是金融总量的增长。具体表现为金融机构数量、规模、货币供应量、证券资产规模以及存贷款规模的增长。二是金融结构的优化。金融的持续发展将会带来金融市场结构的优化，是金融市场内多样化的主体其资金借贷需求不断得到满足的一种过程，具体表现为金融工具种类的增长以及金融中介功能的多样化。三是金融效率的提升。金融中介本质上是通过资金的借贷流转满足经济增长的资本需求，它能够将大量的社会闲散资金集聚起来，通过经济的金融化过程，实现国民经济的长足发展[83]。现阶段，我国金融中介发展对经济增长最重要的影响因素是区域贷款余额占全国总贷款余额的比例，即银行信贷额对区域经济增长影响效果最大，反映出现阶段我国金融中介机构的发展尚处于初级阶段，我国金融中介机构尚未进入以金融服务和金融产品为核心竞争力的高级阶段[84]。

金融发展在经济改革中可以起到优化资金配置、促进经济增长的作用。但由于我国幅员辽阔，地理位置、禀赋资源、文化体制、市场化程度等因素差异较大，区域经济发展存在着东强西弱现象，而且金融资源也存在着分布不均、区域金融差异较大的现实状况。已有文献对区域金融与区域技术创新之间的关系进行了研究，主要有两类观点：一类观点认为金融发展有利于促进区域技术创新[85]，尤其是金融体系规模增大、效率提高都能促进技术创新[86]；另一类观点认为，尽管金融发展与区域技术创新存在一定的关联性且这种关联度逐渐提高，但由于我国金融市场制度存在缺陷，金融支持并不能很好地满足区域技术创新的需要[87]。

随着全球经济发展，市场经济主体对金融服务的需求越来越多，为满足这些需求，金融业为市场主体提供的金融服务种类也越来越丰富，但总体而言，金融资源配置并不均衡，许多市场主体（如区域）仍无法获得相应的金融服务。区域金融发展的失衡，一方面可能导致区域间经济发展差距继续扩大，加剧区域之间经济发展结构的失衡；另一方面也不利于我国区域协调发展，有悖于我国统筹发展、构建和谐社会以及实现共同富裕的发展目标。因此，有必要对区域金融发展问题进行深入研究[88]。

二、资源禀赋对区域技术创新的影响作用分析

自萨克斯（Sachs）和华纳（Warner）（1995）[89]对资源诅咒这一假说进行开创性研究以来，关于资源禀赋对经济增长是福还是祸的争论话题，在理论上和实证上都备受争议。已有很多学者对此争议进行了广泛研究，资源祝福、资源诅咒并非铁律，资源禀赋与经济增长之间的关系具有非线性特征，这种非线性关系在区域层面同样适用[90]。

创新是一种有效促进区域经济发展的重要途径[91]，而对于资源禀赋与区域创新之间的关系，也有许多学者进行了广泛研究，如萨克斯等[92]提出了丰富的资源可能通过吸引潜在的企业家和创新者进入能源行业而对创业活动和创新行为产生挤出效应；阿特金森（Atkinson）等[93]用实证研究表明资

源开发能减少研发经费投入而影响创新行为；帕皮拉基斯（Papyrakis）等[94]从实证研究的角度用统计数据验证了资源禀赋的利用强度和创新存在着负相关性；国内学者邵帅等[95]较早关注资源禀赋的利用和区域创新之间的内在联系，邢新朋等[96]从理论和实证上检验了区域技术创新和资源禀赋利用强度间存在倒U形关系。中国区域创新差异不断扩大的问题日益凸显，如果任由区域创新差距扩大，不仅影响创新资源配置效率，而且影响产业升级转型的质量，进而影响中国区域经济发展水平，最终影响中国建设创新型国家战略和创新驱动发展战略的实施。

从实际情况来看，在经济发展与科技创新紧密相关的今天，区域经济的发展更依赖于区域技术创新。区域资源禀赋是区域技术创新发展的基本条件，然而，各地在发展过程中，由于区域资源禀赋的差异，会出现科技投入与当地经济发展不成正比的现象，发展区域技术创新能力的所有要素未必能够推动当地经济的发展，因此，测度区域资源禀赋与区域技术创新之间的关系也有重要的意义。

综上所述，区域产业转移是区域技术创新的主要途径，区域技术创新离不开金融的支持，金融发展需要区域资源禀赋的助推，区域金融发展也可调整区域配置资源[97]，区域资源禀赋必须与金融创新有机结合，相互作用，相互推动。因此，如何在区域资源禀赋条件下利用区域金融发展推动区域技术创新能力的提升和增强国家核心竞争力，是经济新常态下的重要热点问题。接下来，将对金融发展、资源禀赋与区域承接产业转移问题展开研究。

第三节　金融发展、资源禀赋与区域承接产业转移的门槛效应分析

2015年11月，中央财经领导小组第十一次会议提出要加强供给侧结构性改革，着力提高供给体系质量和效率。目前，“供需错位”已成为阻挡中国经济持续增长的最大路障：一方面，过剩产能已成为制约经济转型的一大包袱；另一方面，供给体系总体上是中低端产品过剩，高端产品供给不足[98]。企业是社会供给的主体，要深化供给侧结构性改革，亟须提高企业创新能力，引导企业生产具有竞争力并适应市场需求的产品。而企业创新能力的提高，一方面得益于自主研发，另一方面得益于“承接”。企业可通过承接产业转移，充分学习、吸收及利用产业转移过程中的技术溢出效应，转化为自身的创新能力。因此，积极承接先进生产力转移，也是解决供给与需求不匹配、不协调和不平衡问题的重要手段。

然而，区域承接产业转移受到多种因素影响。戴宏伟和王云平[99]指出，区域产业转移的主要原因是不同区域具有不同的要素禀赋，随着生产要素在不同区域之间的流动，形成了产业的区域转移。借鉴赫克歇尔（Heckscher）与奥林（Ohlin）（1919）定义，资源禀赋也称为要素禀赋，是指一国使用的各种生产要素，包括劳动力、资本、土地、技术、管理等要素的丰歉，其中包括了自然资源和社会资源。资源禀赋是一切生物生存和发展的物质基础，也是支撑区域经济社会可持续发展的重要条件和战略因素。另外，在承接各种要素的产业转移过程中，资本具有引领和导向作用，产业承接地需着力营造良好的金融环境，

这是项目落地后健康运行的基本条件。区域承接产业转移的每一阶段都需要资源禀赋以及完善的金融体系的支撑，高效稳定的金融体系是承接各种要素转移的方向标。而资源禀赋对区域承接产业转移是一把双刃剑，既有促进作用也有阻碍作用，与金融发展相结合。两者对承接产业转移的作用如何度量，是扩大作用、抑制作用还是复杂的非线性关系，需要我们进一步考究。

在已有研究中，早期研究主要从金融理论上分析金融发展水平的提高对企业提供的融资支持，拉扬（Rajan）和津加莱斯（Zingales [100]）开创了研究金融与产业发展关系的新局面。近代实证方法主要是选取金融发展的不同维度与指标，定量考察其对产业发展的影响，从简单的线性作用关系验证了金融发展与产业转移之间的关系 [101, 102]；而对于金融发展与区域承接产业转移关系的研究，主要是从金融支持的溢出效应方面——FDI 的研究成果较多 [103, 104]。资源禀赋与区域承接产业转移有关联，而金融发展也与不同区域资源禀赋条件有关，那么金融发展对区域承接产业转移的作用是否也受限于区域资源？

因此，在供给侧改革视阈下，我们将研究视角转向金融发展、资源禀赋与区域承接产业转移关系的研究。本研究旨在厘清金融发展要素在资源禀赋作用下与区域承接产业转移的关系，并测度金融发展与资源禀赋约束条件对区域承接产业转移的效应。从已有文献研究结果来看，学者们从两者结合的视角研究较少，大部分是从单一因素且在线性关系视角下验证金融发展对区域承接产业转移的关系。而从理论上看，两者并非简单的线性关系，倘若非线性关系成立，不同区域资源禀赋会是导致二者非线性关系产生的因素吗？考虑到各区域承接产业转移的差异性，本节将尝试从方法、内容上均进一步深入对此问题进行研究。为了能准确反映这两个影响因素对区域承接产业转移的动态变化，实证模型必须具有分阶段估计模型系数的特点。鉴于此，本书尝试以区域承接产业转移为研究对象，从金融发展与资源禀赋相结合视角出发，探究东部、中部、西部三个区域承接产业转移的差异性，通过使用面板门槛模型，以资源禀赋为门槛变量，测度各区域、各阶段不同资源禀赋条件下，金融发展对区域承接产业转移的作用，以此挖掘金融发展、资源禀赋与区域承接产业转移的非线性关系，分析资源禀赋及金融发展能否成为一个有效的倒逼机制驱动区域承接产业转移，从而为加快区域承接产业转移，提高产业转移的速度和质量提供建议，进一步验证区域承接产业转移是否对供给侧结构性改革形成强有力的外力作用。

一、指标选取和数据来源

1. 指标选取

（1）被解释变量（*fdi*）。

借鉴吴雪萍（2010）[105]研究产业转移的经验，本书将各省（自治区、直辖市）实际利用外商直接投资额折算成人民币作为承接产业转移的代表指标。

（2）主要解释变量（*fd*）。

产业转移受到区域金融发展状况的影响，区域持续扩大的金融资本总量可以有效发挥集中储蓄、规避风险、配置资源等功能，解决产业转移过程中资金不足、风险过大以及信息不对称的困境，从而推动区域产业转移的进程。因此，本书选取金融发展水平作为主要解释变量。而对于区域金融发展水平的度量指标有很多形式，如金融资产总量 / 地区生产总值[106]、货币存量 / 地区生产总值[107]、金融机构年末贷款总额 / 地区生产总值[108~110]、金融机构存贷款余额 / 地区生产总值[111~113]，等等。那么，如何精确度量与产业转移相关的金融发展水平指标？在产业转移过程中，项目落地正常运行在很大程度上取决于区域金融市场的发展程度，而能否有效融资对企业的正常成长至关重要。在中国，银行信贷一直在金融市场中发挥重要的融资渠道作用，我国金融市场是一个以间接金融为主的金融体系，银行信贷额是全国性银行根据项目融资需求在全国进行相应的信贷的配置，仍是广大企业的主要资金来源。现阶段区域金融也主要通过以银行为主的信贷体系来影响实体经济，进而影响产业转移的发生。因此，本书选取金融机构存贷款余额 / 地区生产总值作为衡量金融发展水平的指标 [76]。

（3）控制变量。

经济学常识告诉我们，任意两个经济变量之间的关系都会受到宏观经济环境及其他决定性经济因素的影响。因此，为了更加全面地分析区域承接产业转移效应，我们引入了影响较强的相关控制变量。由于影响因素很多，为了获得更稳健的估计，根据已有文献研究结果，结合影响因素筛选的结果，此处引入要素流动（*trans*）、信息化水平（*infor*）、产业结构（*struc*）、劳动力成本（*labor*）、市场潜力（*market*）、税收负担（*tax*）、政府干预程度（*gov*）、科研经费投入（*rde*）作为本节的控制变量。

表 7–1　控制变量的选取

变量名称	指标选取	符号	单位
要素流动	全社会货物运输周转量	*trans*	亿吨公里
信息化水平	邮电业务总量	*infor*	亿元
产业结构	（第二产业增加值 + 第三产业增加值）/ 地区生产总值	*struc*	%
劳动力成本	研发内部经费支出	*labor*	元 / 人
市场潜力	社会消费品零售总额	*market*	亿元
税收负担	税收合计 / 地区生产总值	*tax*	%
政府干预程度	地方财政支出 / 地区生产总值	*gov*	%
科研经费投入	研发内部经费支出	*rde*	亿元

（4）门槛变量的选取。

根据第四章对区域技术创新能力现状的分析可知，东部与西部地区的技术创新能力存在较大的差距，中部地区少部分省份的技术创新能力与东部地区相当，中部地区大部分省份的技术创新能力与西部地区相当。由此可见，经济发展水平的不同，导致了区域技术创新能力的差距，但经济发展水平只是衡量一个区域经济发展差距的单一因素。为更精确地反映地区之间拥有资源的差距，本节选用资源禀赋系数作为门槛变量。

应瑞瑶[114]对资源禀赋进行考察时，采用了煤炭和石油的产量；王智新[115]选取煤炭基础储量为基本变量来代表各地区的资源禀赋。但是，在现实生活中，一个地区所拥有的资源禀赋并非只有学者应瑞瑶和王智新提到的自然资源，为了能够充分估计一个地区所拥有的资源禀赋，本书参考赵丙奇[116]提出的资源禀赋系数影响因素，在用自然资源衡量资源禀赋的基础上，将社会资源也加入了衡量资源禀赋的系数当中，将自然资源和社会资源相结合，将收集到的各变量的数据用熵值法计算出来，资源禀赋的具体的指标构建见表 7–2。

表 7–2　资源禀赋系数的影响因素[117]

变量名称	指标选取	单位
自然资源	煤炭储量	亿吨
劳动力数量	各地区年底就业人员数	万人
资本存量	固定资本形成总额	亿元
人力资本存量	各种教育程度毕业人数的比重	%
市场化程度	市场化指数[50]	—
对外开放程度	外商投资企业进出口总额 / 地区生产总值	%

2. 数据来源

基于数据的可获得性和统计口径差异性，结合前述影响因素筛选的结果，由于部分变量数据不能获取，因此本书选取 1998—2014 年我国 29 个省（自治区、直辖市）的省际面板数据作为样本。由于西藏和新疆部分数据严重缺失，因此在实际分析过程中将其剔除。本书原始数据主要来源于《中国统计年鉴》《中国高技术产业统计年鉴》《中国金融年鉴》《中国劳动统计年鉴》，所有检验均使用 Stata 14.0 软件，见表 7–3。

表 7–3　各指标的描述性统计量

变量	均值	标准差	最小值	最大值
fdi	319.8	530.9	1.440	8035
fd	2.470	0.780	1.420	13.28
e	1253	1151	0.0900	6545
trans	2998	3552	73.60	20373
infor	469.3	547.8	4.730	4553
struc	0.870	0.0700	0.640	0.990
labor	27349	18277	5384	95569
market	3705	4319	71	28471
tax	0.150	0.0900	0.0600	0.550
gov	0.180	0.0800	0.0600	0.610
rde	25.25	68.52	0	725.6

由表 7–3 可知，*fdi*、*e* 的最大值和最小值相差很大，据此可以推断各区域承接产业转移能力相差较大的原因之一可能是资源禀赋的差异。而 *fd* 的极差相差不是很大。那么，金融发展在资源禀赋条件下对区域承接产业转移的影响如何测度？

二、计量模型构建

本书借鉴汉森（Hansen [26]）建立的非线性面板门限模型进行实证分析。该方法具有两个明显的特点：一是在进行研究时，不需要设定非线性的具体形式，可以通过样本数据的内生性来确定门限值、参数估计值以及置信区间；二是在样本数量有限的情况下，可以使用自举法（Bootstrap）重复抽取样本，进而提高参数估计的有效性和检验的显著性。

汉森设定的面板门限模型具体形式为：

$$Y_{it}=\begin{cases}\mu_i+\beta_1' x_{it}+e_{it}, & q_{it}\leqslant\gamma\\ \mu_i+\beta_2' x_{it}+e_{it}, & q_{it}>\gamma\end{cases}, i=1, 2, 3,\cdots, k, n \tag{7–1}$$

式中，Y_{it} 为被解释变量，x_{it} 为解释变量，q_{it} 为门槛变量，γ 为门槛值，μ_i 为个体效应，e_{it} 为残差，i 为个体，t 为时间。q_{it} 既可以是解释变量 x_{it} 中的一个回归元，又可以是一个独立的门槛变量。简化方程组（1），可得：

$$Y_{it}=\mu_i+\beta_1' x_{it}I(q_{it}\leqslant\gamma)+\beta_2' x_{it}I(q_{it}>\gamma)+e_{it} \tag{7–2}$$

式中，$I(\cdot)$ 为示性函数。β_1'、β_2'、γ（门槛值）为待估参数，对式（7–2）进行 OLS 估计可得到残差平方和，其对应的最小门限值为 $\gamma=\text{argmin}\ S_1(\gamma)$。确定门槛值以后，就可求得其他参数的估计值。

以上为单一门槛的情况，然而在实际生活中可能出现多门槛的情况。以双门槛模型为例，其估计方程为：

$$Y_{it}=\mu_i+\beta_1' x_{it}I(q_{it}\leqslant\gamma_1)+\beta_2' x_{it}I(\gamma_1<q_{it}\leqslant\gamma_2)+\beta_3' x_{it}I(q_{it}>\gamma_2)+e_{it} \tag{7–3}$$

估计方法：先假定单一门槛模型中估计出的 γ_1 为双重门槛中的第一个门槛，再进行 γ_2 的搜索，估计与检验的方法与第一门槛值相同，得到第二个门槛值的残差平方和最小时对应的 γ_2，然后对 γ_2 进行门限检验。

为了有效分析资源禀赋、金融发展与区域承接产业转移之间的非线性关系，本书将资源禀赋系数作为门槛变量，最终将模型可做以下设定。

单一门槛：

$$fdi_{it}=\beta_1 fd_{it} I(q_{it}\leqslant\gamma)+\beta_2 fd_{it} I(q_{it}>\gamma)+\beta_3\, trans_{it}+\beta_4\, infor_{it}+\beta_5\, struc_{it}+\beta_6\, labor_{it}+\beta_7\, market_{it}+\beta_8\, tax_{it}+\beta_9\, gov_{it}+\beta_{10}\, rde_{it}+\mu_i+e_{it} \quad (7\text{–}4)$$

双重门槛：

$$fdi_{it}=\beta_1 fd_{it} I(q_{it}\leqslant\gamma)+\beta_2 fd_{it} I(\gamma_1<q_{it}<\gamma_2)+\beta_3 fd_{it} I(q_{it}>\gamma_2)+\beta_4\, trans_{it}+\beta_5\, infor_{it}+\beta_6\, struc_{it}+\beta_7\, labor_{it}+\beta_8\, market_{it}+\beta_9\, tax_{it}+\beta_{10}\, gov_{it}+\beta_{11}\, rde_{it}+\mu_i+e_{it} \quad (7\text{–}5)$$

三、实证检验

1. 变量的相关性检验

表 7–4 列明了各解释变量与被解释变量的偏相关系数。由表 7–4 可以看出，在 5% 的显著性水平下，各解释变量与被解释变量之间存在相关关系。这说明各解释变量与被解释变量具有相关性。

2. 单位根检验与协整检验

见表 7–5，所有变量的一阶单整序列在 1% 的显著性水平下均拒绝原假设，即原始序列的一阶差分平稳，因此可进行协整检验。本书采用 Westerlund 构造的协整检验，检验结果见表 7–6。

表 7–4　变量的相关性检验

	fdi	*fd*	*trans*	*infor*	*struc*	*labor*	*market*	*tax*	*gov*	*rde*
fdi	1									
fd	0.087**	1								
trans	0.467**	0.153**	1							
infor	0.506**	0.069	0.450**	1						
struc	0.424**	0.175**	0.503**	0.401**	1					
labor	0.525**	0.286**	0.588**	0.508**	0.601**	1				
market	0.589**	0.153**	0.608**	0.763**	0.412**	0.648**	1			
tax	0.221**	0.132**	0.396**	0.126**	0.564**	0.596**	0.132**	1		
gov	0.201**	0.282**	0.146**	0.189**	0.031	0.301**	0.166**	0.218**	1	
rde	0.514**	0.130**	0.423**	0.722**	0.336**	0.500**	0.798**	0.178**	0.130**	1

注：***、**、* 分别表示通过 1%、5%、10% 水平下显著性检验。

表 7–5　面板数据单位根检验结果

变量	LLC	IPS	Fisher-ADF	Fisher-PP	判断结果
fdi	1.000	1.000	1.000	0.896	不平稳
Δ *fdi*	0.000	0.001	0.000	0.000	平稳
fd	0.778	0.565	0.9384	0.143	不平稳
Δ *fd*	0.000	0.000	0.000	0.000	平稳
trans	0.989	1.000	1.000	1.000	不平稳
Δ *trans*	0.000	0.000	0.000	0.000	平稳

续表

变量	LLC	IPS	Fisher-ADF	Fisher-PP	判断结果
infor	0.003	0.923	0.994	1.000	不平稳
Δ *infor*	0.000	0.000	0.000	0.000	平稳
struc	0.000	0.032	0.413	0.015	不平稳
Δ *struc*	0.000	0.000	0.000	0.000	平稳
labor	0.812	0.999	1.000	1.000	不平稳
Δ *labor*	0.000	0.000	0.000	0.000	平稳
market	1.000	1.000	1.000	1.000	不平稳
Δ *market*	0.000	0.000	0.000	0.007	平稳
tax	0.000	0.030	0.752	0.960	不平稳
Δ *tax*	0.000	0.000	0.000	0.000	平稳
gov	0.003	0.835	1.000	1.000	不平稳
Δ *gov*	0.000	0.000	0.000	0.000	平稳
rde	1.000	1.000	1.000	1.000	不平稳
Δ *rde*	0.000	0.000	0.000	0.000	平稳

注：LLC 检验为相同单位根检验，Fisher-ADF 检验为不同单位根检验。只有当两者同时拒绝存在单位根的原假设时，序列才是平稳序列。若两者当中有一个或者是两个都接受原假设，则该序列都不平稳。

表 7–6　面板数据协整检验结果

检验条件	假设	统计量名称	*Z* 值	*P* 值
面板异质性	H_0：至少有一个截面不存在协整关系	组统计量 *Gt*	6.014	1.000
		组统计量 *Ga*	8.114	1.000
面板同质性	H_0：所有截面都不存在协整关系	面板统计量 *Pt*	4.592	1.000
		面板统计量 *Pa*	8.180	1.000

表 7–6 中，*Gt*、*Ga*、*Pt*、*Pa* 都接受原假设，表明面板模型不存在协整关系，不能直接进行面板回归。所以，本书选取数据一阶差分形式进行面板回归，以双重门槛模型式（7–5）为例，具体形式表现为：

$$\Delta fdi_{it} = \beta_1 \Delta fd_{it} I(q_{it} \leqslant \gamma_1) + \beta_2 \Delta fd_{it} I(\gamma_1 < q_{it} < \gamma_2) + \beta_3 \Delta fd_{it} I(q_{it} > \gamma_2) + \beta_4 \Delta trans_{it} + \beta_5 \Delta infor_{it} + \beta_6 \Delta struc_{it} + \beta_7 \Delta labor_{it} + \beta_8 \Delta market_{it} + \beta_9 \Delta tax_{it} + \beta_{10} \Delta gov_{it} + \beta_{11} \Delta rde_{it} + \mu_i + e_{it} \tag{7-6}$$

3. 东部、中部、西部地区的分组回归结果

各区域金融发展、资源禀赋对区域承接产业转移存在较大差异。鉴于此，有必要分区域估计金融发展对区域承接产业转移的影响，见表 7–7。

表 7–7　分组回归结果

被解释变量 / 解释变量	全国 Δfdi_{it}	东部 Δfdi_{it}	中部 Δfdi_{it}	西部 Δfdi_{it}
Δfd	1.59	1.51	2.492	1.113
$\Delta trans$	0.00266	0.00210	0.00243	0.0264
$\Delta infor$	0.00381	0.0444	0.0457	0.0895
$\Delta struc$	–36.35	–1 007	377.1	93.31
$\Delta labor$	0.0152	0.0280	0.000139	0.000600
$\Delta market$	0.0434	0.104	0.0567	0.0152
Δtax	–1 074	–1 304	–561.9	–229.1
Δgov	–253.2	–296.0	–543.3	20.41
Δrde	2.471	3.844	1.250	0.521
constant	16.15	28.72	1.592	3.496
Observations	464	224	96	144
Number of province	29	14	6	9
Hausman	chi2（4）=9.24 p=0.0999	chi2（5）=10.99 p=0.0957	chi2（5）=24.32 p=0.0001	chi2（5）=14.07 p=0.0152

由表 7–7 估计结果可知，Hausman 检验的统计结果 *P* 值较小，因此支持面板模型设定为固定效应模型。从全国层面来看，*fd*、*trans*、*infor*、*labor*、*market* 以及 *rde* 对承接产业转移起到促进作用，*struc*、*tax* 以及 *gov* 在一定程度上对承接产业转移起到抑制作用。就东部地区而言，*fd* 对东部地区承接产业转移的促进作用略低于全国水平；与中部、西部地区不同，东部地区 *struc* 对承接产业转移产生一定的抑制作用。这看似与经济理论相悖，实则不然。改革开放以来，东部地区发展较快，产业结构在不断优化，然而伴随着较快的经济发展，在有限的资源供给条件下，东部部分区域的容纳能力已出现饱和，对承接产业转移产生一定的负面影响。对中部地区而言，*fd* 对承接产业转移起到促进作用，且效果大于全国平均水平、东部地区和西部地区；*struc* 对承接产业转移起到促进作用，与东部地区相反。对西部地区而言，*fd* 对承接产业转移同样起到促进作用，但效果明显小于全国水平和其他两大地区；同中部地区相同，*struc* 对承接产业转移产生促进作用；但对 *gov* 而言，西部地区与东部、中部地区相反，这是由于西部地区产业发展大多较为落后，亟须政府扶持引导产业的发展。

4. 门限模型检验及估计结果

（1）门限效应检验结果 .

鉴于样本的观测时间不长，观测对象数量有限，为了提高门限效应显著性检验的有效性，我们使用 Bootstrap 重复抽样 300 次，将金融发展水平（*fd*）作为被解释变量，资源禀赋系数（*e*）作为门槛变量，在 1%、5%、10% 的显著性水平下，分别测试存在一个门限、双重门限的假设，其表达式如下。

单一门槛：

$$\Delta fdi_{it}=\beta_1\Delta fd_{it}I(q_{it}\leqslant\gamma)+\beta_2\Delta fd_{it}I(q_{it}>\gamma)+\beta_3\Delta trans_{it}+\beta_4\Delta infor_{it}+\beta_5\Delta struc_{it}+\beta_6\Delta labor_{it}+\beta_7\Delta market_{it}+\beta_8\Delta tax_{it}+\beta_9\Delta gov_{it}+\beta_{10}\Delta rde_{it}+\mu_i+e_{it} \quad (7\text{–}7)$$

双重门槛：

$$\Delta \mathrm{fdi}_{it}=\beta_1\Delta fd_{it}I(q_{it}\leqslant\gamma_1)+\beta_2\Delta fd_{it}I(\gamma_1<q_{it}<\gamma_2)+\beta_3\Delta fd_{it}I(q_{it}>\gamma_2)+\beta_4\Delta trans_{it}+\beta_5\Delta infor_{it}+\beta_6\Delta struc_{it}+\beta_7\Delta labor_{it}+\beta_8\Delta market_{it}+\beta_9\Delta tax_{it}+\beta_{10}\Delta gov_{it}+\beta_{11}\Delta rde_{it}+\mu_i+e_{it} \quad (7\text{–}8)$$

门限效应检验结果见表 7–8、表 7–9。

表 7–8　门限效应检验

模型	*F* 值	*P* 值	BS 次数	1%	5%	10%
单一门槛	7.875**	0.050	300	14.480	7.999	5.829
双重门槛	12.189***	0.010	300	11.822	5.799	2.914

注：* * *、* *、* 分别表示通过 1%、5%、10% 水平下显著性检验。

表 7–9　门槛估计值和置信区间

	门槛估计值	95% 置信区间
单一门槛模型（g_1）	61.502	[61.502，61.502]
双重门槛模型 Ito_1（g_1）	2168.826	[1767.472，2566.488]
Ito_2（g_2）	61.502	[61.502，61.502]

由表 7–8 可知，在 5% 的显著性水平下，单一门槛的估计结果显著；在 1% 的显著性水平下，双重门槛估计结果显著。表 7–8 为单一门槛、双重门槛的门槛估计值以及 95% 置信区间。两个门槛估计值是似然比检验统计量 *LR*=0 时的取值，两个估计值的置信区间指所有 *LR*<5% 显著性水平下的临界值构成的区间，

原假设为两个门限值与实际值都相等。表 7–9 中单一门槛的估计值为 61.502，双重门槛估计的两个值分别为 61.502 和 2168.826。为进一步理解门限值和估计区间的构筑过程以及更为准确地确定模型为单一门槛还是双重门槛，绘制出似然比函数图，结果如图 7–1、图 7–2 所示，图中的虚线表示非标准卡方分布 95% 的临界值。由此可以看出，不论是单重门槛还是双重门槛，其变量值都是有效的。结合实际情况和表 7–6 的分组回归结果，本书最终选择双重门槛门限模型。

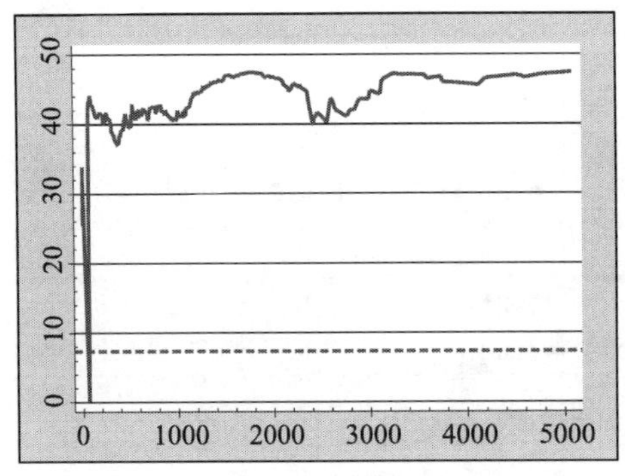

图 7–1　单一门槛的估计值和估计区间

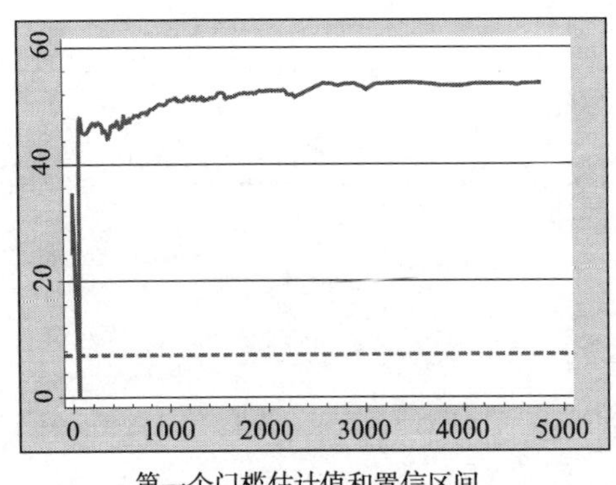

第一个门槛估计值和置信区间

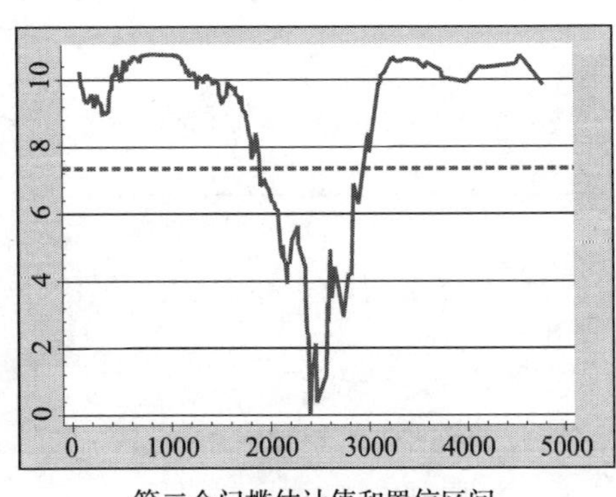

第二个门槛估计值和置信区间

图 7–2　双重门槛的估计值和浪费和置信区间

同时，为考察金融发展与资源禀赋的相互作用对产业转移的影响，将金融发展与资源禀赋的交叉项（$fd \times e$）作为主要解释变量，资源禀赋系数（e）作为门槛变量，将模型设定如下。

单一门槛：

$$\Delta fdi_{it}=\beta_1 \Delta fd_{it} \times e_{it} I(q_{it} \leqslant \gamma)+\beta_2 \Delta fd_{it} \times e_{it} I(q_{it}>\gamma)+\beta_3 \Delta trans_{it}+\beta_4 \Delta infor_{it}+\beta_5 \Delta struc_{it}+\beta_6 \Delta labor_{it}+\beta_7 \Delta market_{it}+\beta_8 \Delta tax_{it}+\beta_9 \Delta gov_{it}+\beta_{10} \Delta rde_{it}+\mu_i+e_{it} \quad (7\text{–}9)$$

双重门槛：

$$\Delta fdi_{it}=\beta_1 \Delta fd_{it} \times e_{it} I(q_{it} \leqslant \gamma_1)+\beta_2 \Delta fd_{it} \times e_{it} I(\gamma_1<q_{it}<\gamma_2)+\beta_3 \Delta fd_{it} \times e_{it} I(q_{it}>\gamma_2)+\beta_4 \Delta trans_{it}+\beta_5 \Delta infor_{it}+\beta_6 \Delta struc_{it}+\beta_7 \Delta labor_{it}+\beta_8 \Delta market_{it}+\beta_9 \Delta tax_{it}+\beta_{10} \Delta gov_{it}+\beta_{11} \Delta rde_{it}+\mu_i+e_{it} \quad (7\text{–}10)$$

门限效应检验结果见表 7–10、表 7–11。

表 7–10　门限效应检验

模型	*F* 值	*P* 值	BS 次数	1%	5%	10%
单一门槛	7.875**	0.047	300	11.800	7.823	6.846
双重门槛	25.060***	0.000	300	13.378	7.917	3.468

注：***、**、* 分别表示通过 1%、5%、10% 水平下显著性检验。

表 7–11　门槛估计值和 95% 置信区间

	门槛估计值	95% 置信区间
单一门槛模型（g_1）	0.149	[0.144，5081.137]
双重门槛模型 Ito_1（g_1）	1574.453	[85.192，5070.840]
Ito_2（g_2）	1423.280	[0.144，5081.137]

由表 7–10 可知，在 5% 的显著性水平下，单一门槛、双重门槛的估计结果都显著。表 7–11 为单一门槛、双重门槛的门槛估计值以及 95% 置信区间。表 7–11 中单一门槛的估计值为 0.149，双重门槛估计的两个值分别为 1423.280 和 1574.453。但绘制出似然比函数图显示，不论是单一门槛还是双重门槛，其变量值都不是有效的，如图 7–3 所示。这说明选取金融发展与资源禀赋的交叉项作为影响产业转移的主要解释变量，无法验证所估计门槛值的正确性与有效性。

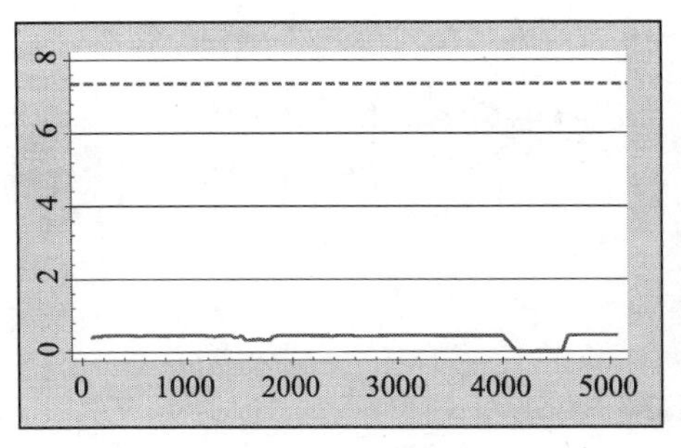

第一个门槛估计值和置信区间

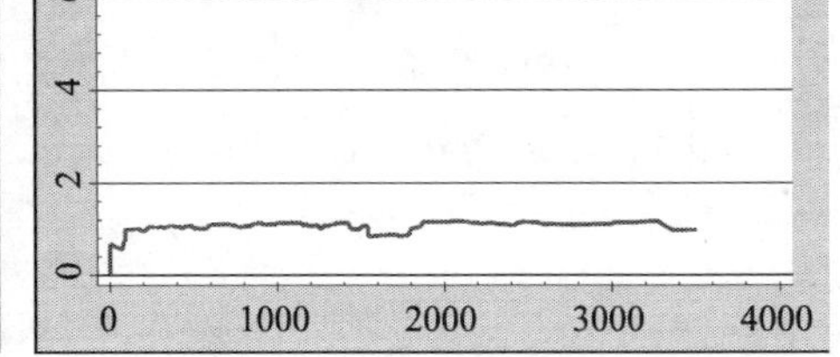

第二个门槛估计值和置信区间

图 7–3　双重门槛的估计值和置信区间

结合上述分析结果与实际情况，本书最终仅需验证一次项变量的非线性关系，选取以金融发展为主要解释变量，资源禀赋系数为门槛变量的双重门槛模型。

（2）门槛模型估计结果。

在确定了门槛值与门限个数后，依据上文的划分，对式（7–6）进行门限回归，回归结果见表 7–12。

表 7–12　面板门限系数估计结果

变量	估计系数	标准差	*t* 值	*P* 值	95% 置信区间	
Δfd_1	–13.69	37.41957	–0.37	0.715	–87.2356	59.8556
Δfd_2	321.1018	64.83204	4.95	0.000	193.7003	448.5033
Δfd_3	9.852167	24.56137	4.27	0.000	5.7143	13.9901

其中：Δfd_1：$fd \times I(e < 61.502)$；Δfd_2：$fd \times I(61.502 \leqslant e \leqslant 2168.826)$；$\Delta fd\_3$：$fd \times I(e > 2168.826)$。

由表 7–12 可以看出，以 e 为门槛变量，*fd* 对承接产业转移能力的门限效应非常显著；当 $e < 61.502$ 时，*fd* 对承接产业转移能力具有负向作用；当 $e \in [61.502, 2168.826]$ 时，*fd* 对承接产业转移能力的带动作用最大，系数为 321.1018；当 $e > 2168.826$ 时，*fd* 对承接产业能力的促进作用较明显，但仍低于第二区间。进一步验证了在门槛变量作用下，*fd* 对区域承接产业转移的非线性关系。

5. 结果分析

单纯从表 7–7 的分组回归结果显示，无论是从全国范围还是分区域来分析，金融发展对承接产业转移能力的影响都为正向的促进作用，这与已有文献 [102,103] 研究结果相同；而用 Hansen 面板门限模型进行估计，由表 7–12 估计结果可以看出，金融发展对承接产业转移能力的影响并非绝对的正向促进作用或是绝对的负向抑制作用，这与大部分学者目前研究的结果不相同。当资源禀赋系数处于第一门槛区间时，金融发展对承接产业转移能力的抑制作用大于促进作用。究其原因，当资源禀赋系数较小时，当地的自然资源、劳动力数量、资本存量、市场化程度以及对外开放程度都较低，地区接受产业转移的承载能力不足，金融发展水平也较低，在这种局势下，金融发展对承接产业转移能力具有负向作用。伴随着经济的发展、市场经济的深化、技术水平的提高以及对外开放水平的提高，人们开采出更多的资源且资源利用率也不断提高，社会对劳动力的需求不断增加，劳动生产率提高，此时地区承接产业转移能力提高，金融发展对承接产业转移能力具有正向的促进作用。其中，当资源禀赋系数处于第二门槛区间时，正向作用最为明显。

6. 研究结论

在对既有文献回顾分析和对经验性事实统计观察基础上，利用 1998—2014 年省际面板数据，对东、中、西部地区进行分组回归，并创新性地利用门槛效应模型，以资源禀赋系数为门槛变量，考虑金融发展、资源禀赋对区域承接产业转移的差异性，克服了已有文献单一线性假设的要求，拓展了已有研究结论，同时从非线性或阶段性角度对此问题进行了深化研究，主要验证了以下几点。

第一，以资源禀赋为门槛变量，金融发展与区域承接产业转移存在着显著的非线性关系。

第二，在不同的资源禀赋条件下，金融发展对区域承接产业转移的促进作用或抑制作用表现结果不同——并不是资源禀赋系数越高，金融发展对区域承接产业转移能力的正向作用越明显。金融发展对区域承接产业转移能力的影响，由于资源禀赋系数的不同表现为不同的影响作用，与之前学者研究结果不同，并非所有的东部地区都处于资源禀赋系数的高阶段，也并非所有的中部、西部地区都处于资源禀赋的第二阶段。

第三，不同区域金融发展对产业承接的促进作用不同。东部地区金融发展水平较高，但促进作用较小；中部、西部地区金融发展水平较低，但促进作用较大。结合区域特有的资源禀赋条件，适度的金融发展会引导区域承接产业转移高效、健康、快速地发展。

第四节　对策建议

在“一带一路”倡议和“创新驱动发展”双轮战略驱动下，区域未来在“走出去”对外投资过程中，应该更加注意结合各地的产业优势和区域特征，注重投资行业、地域和投资方式的选择。随着经济的发展，各区域资源禀赋系数的不断增大，为更好地发挥金融发展对承接产业转移能力的促进作用，根据已有研究结果，提出以下政策建议。

第一，完善金融发展环境，改善和加强金融监管，为承接产业转移能力提供强有力的外部环境支持。

第二，加强地区之间的金融合作，提高资本的融合度，实现金融资本的最优配置，缩小地区之间的差距，加快承接产业转移的进度。

第三，完善多元化、高效率的金融体系，加强金融服务创新，提升金融发展对承接产业转移能力的服务水平。加大金融产品的创新力度，根据市场的需要，开发金融产品的新品种，提供多元化的金融产品，帮助企业合理规避风险，降低承接产业转移能力的成本；在风险可控的前提下，构建信贷风险分担机制，适当放宽信贷权限，为地区企业承接产业转移提供金融支持；深化金融服务意识创新，增强金融服务的整体功能，为承接产业转移提供全方位的金融服务。

第三篇

区域技术创新网络特征分析

随着创新驱动型经济在全球范围内不断扩展，技术已经成为国家或区域提升创新能力、促进经济发展的重要因素。党的十八大报告明确提出，“科技创新是提高社会生产力和综合国力的战略支撑，必须摆在国家发展全局的核心位置”，强调要坚持走中国特色自主创新道路，实施创新驱动发展战略。随着技术生产分工的不断加深，创新主体之间的联系逐渐由个体之间的联系向网络化发展，创新活动也从区域内创新发展成为跨区域多方合作的网络化创新。

20 世纪 90 年代以来，学者们针对国家和区域创新体系进行了大量研究，但是直到最近几年，才开始对创新过程中网络的空间维度展开研究。创新网络可以把产业集群、区域创新系统、技术创新环境等一系列概念按照不同的地理尺度联系起来。尤其是近年来，研究技术创新合作的学者和文献主要集中在区域内或集群内创新合作方面，对区域之间的研究更多地关注知识的空间溢出效应，而对跨区域技术创新合作研究较少，特别是对我国跨区域技术创新合作的空间动态演化的实证研究刚刚起步，迫切需要进一步加强。近 10 年来，我国跨区域技术创新合作发展迅速，有力地促进了我国自主创新体系的建设，提高了我国自主创新能力。本篇将着重就区域技术网络结构进行论述。

第八章　区域技术创新系统要素构成及空间分布研究

区域技术创新系统的概念主要来源于区域科学和创新系统，是一个动态的发展过程，涉及众多方面[41]，不仅包括经济要素，而且包括各种非经济要素。区域技术创新系统是由多种要素组成的复杂系统。因此，本章创新性地采用Moran指数与空间回归分析对其进行空间相关性与空间异质性检验，筛选具有空间效应的影响因素，在此基础上精准探究区域技术创新系统的空间分布构成。这打破了以往研究中普遍直接采用影响因素检验系统空间效应的做法，以期验证区域技术创新系统影响因素的空间关联性与空间异质性，以及区域技术创新系统的空间分布构成及空间溢出效应，为中国区域均衡发展提供理论指导和管理启示。

第一节　区域技术创新系统要素构成及作用机理

中国经济进入新常态，对创新提出了更高的要求。技术创新作为经济增长和发展的重要引擎，在新时期担负的使命将更为重大。作为创新的孵化器，区域技术创新的产生、发展都必须在一定的系统中流动和转换，良好的区域技术创新系统的构建可以更好地促进区域经济发展。

区域技术创新系统是一个由多要素相互作用构成的复杂系统，根据结构决定功能的系统论观点，为明确区域技术创新系统的作用机理，需首先确定该系统的组成要素以及运行特点，通过对库克（Cooke[41]）、卡尼尔斯（Caniels[118]）、施奈德（Schneider[119]）等已有相关文献的梳理，初步选取适合度量区域技术创新系统的相关因素，明晰系统各因素的运行作用机制。

一、被解释变量作用机理

区域技术创新产出反映了技术创新带来的成果，有直接成果和间接成果。专利作为科技成果数量和质量的直接体现，在一定程度上能够反映区域技术创新的直接产出。文献中比较常用的是专利申请数和专利授权数[47，120]，考虑到专利申请授权数更能体现技术创新成果的被肯定和被保护，本节选择了（三种专利）国内专利申请授权量作为区域技术创新系统产出的测量指标。

二、解释变量（影响因素）作用机理

一是知识产权保护。知识产权保护[121]会对专利所有者拥有一定期限的“垄断所有权”产生法律保护，使得所有权人具有持续创新的积极性，只有可持续的创新才能不断积累技术存量，推动我国技术进步。因此，本节将知识产权保护作为衡量我国技术创新的一个要素。

二是金融发展。金融发展水平[122]的高低是影响技术创新的重要变量，其主要通过资本供给、风险管理等功能来促进技术创新。金融发展对技术创新有一定的正向促进作用，即金融发展水平越高，技术创新能力越强。然而，不同区域金融发展水平具有差异性，对区域技术创新能力的促进作用也具有一定差异。

三是研发物质资本投入。研发物质资本投入[123]是技术创新的物质基础、技术创新活动的基本环节，只有靠不断的资金支持才能使得科学实验顺利开展并实现科技成果的转化，它是整个技术创新的物质保障，只有充足的研发资本才能保证整个研发链条不断裂，因此研发物质资本投入对技术创新有正向的促进作用，即随着对研发物质资本投入力度的加大，技术创新能力会越来越强。

四是研发人力资本投入。技术创新从本质上是新产品的不断研发过程，而研发过程则是研发人员将其科研成果产品化、商业化的过程，因此，研发人员是技术创新成果的转化者，研发人力资本投入[124]影响到创新成果的优劣、快慢，人力资本内部构成和质量也都决定着技术创新水平的高低和技术创新的效率。

五是贸易开放程度。贸易开放程度[125]在一定程度上影响着我国的技术创新。根据国际贸易理论，产品市场的扩大和国际企业间的激烈竞争会迫使企业不断进行技术创新，开发新产品以适应国际市场。因此，随着贸易开放程度的加大，技术创新水平也会不断提高。

六是产业聚集水平。产业集聚[126]是技术创新的载体，能够加速研发人员创造的科研成果、知识、信息的快速传播，并且能够强化知识的溢出效应，进而加快企业技术创新，即随着产业集聚水平的提高，技术创新水平将有所提高。然而不同地区的产业集聚水平不同，在一定程度上，将会导致地区之间技术创新的差异。

七是市场化程度。市场化程度[127]对技术创新的影响在学界一直存有争议，熊彼特（Schumpeter）提出垄断是技术创新的先决力量，认为垄断程度与技术创新成正比。艾睿（Arrow）则对此持不同观点，认为完全竞争比垄断的市场结构更有利于技术创新。从以往研究来看，市场化程度与创新能力的关系在不同地区、不同行业之间存在一定差异，影响着区域技术创新的发展。

八是经济发展水平。区域经济发展水平[128]的高低直接决定着经济环境的优劣。区域经济发展水平高，经济综合实力会不断增强，进而推动经济要素的合理布局，同时也可以增强区域人才吸引力，形成人才聚集区，继而加快知识创新和技术进步的速度，因此经济发展水平对技术创新有正向的促进作用，即地区经济越发达，越有利于技术创新水平的提高。

上述研究拓宽了学界对于区域技术创新差异的认识，同时从侧面验证了多种要素对区域技术创新系统的影响。区域技术创新系统受多种因素的影响，每一个因素都对系统存在不同程度的影响，但多种因素相互交织在一起，影响程度如何，是否存在空间依赖性和异质性，本章旨在通过一系列实证研究找出具有空间效应（空间依赖性和异质性）的影响因素，从而进一步根据筛选的影响因素精准确定区域技术创新系统的空间构成。

借鉴已有文献研究结果，根据上述分析结果，本节将构建如图 8–1 所示的概念模型图。

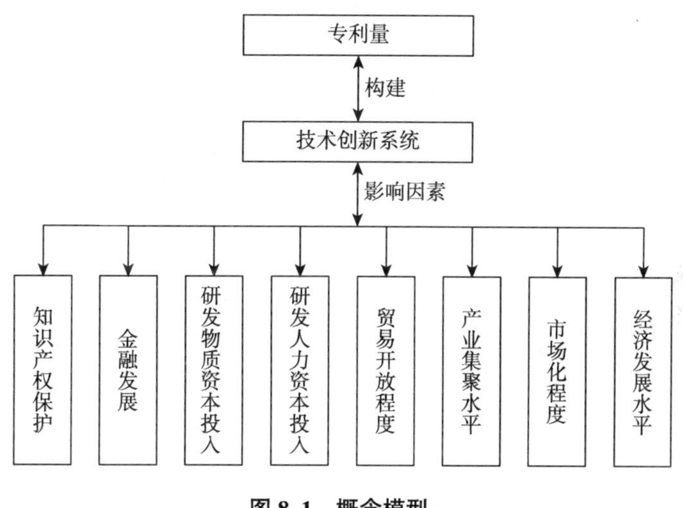

图 8–1 概念模型

第二节 区域技术创新系统空间分布实证研究

一般来说，空间效应的分析[129]主要从空间依赖性和空间异质性两方面进行。空间依赖性（空间相关性）不仅意味着空间上的观测值缺乏独立性，而且意味着存在于这种空间相关中的数据结构，在一个地理空间中各个点的变化都会影响相邻的其他点的结果；而空间异质性是指地理空间上的区域缺乏均质性，存在发达地区和落后地区、中心（核心）和外围（边缘）地区等经济地理结构，从而导致经济社会发展和创新行为存在较大的空间异质性。

一、区域技术创新空间效应分析理论基础

1. 空间相关性检验理论

在现实经济或社会结构中，一般要对经济实体进行空间相关性检验，即验证其结构要素是否具有空间关联。空间相关性描述的是有关空间要素的聚集与分散情况，既包括空间正相关性又包括空间负相关性。本节选择基于 Rook 方式的空间邻接方法构建空间权重矩阵，并采用 Moran 指数对指标进行空间相关性检验，以此说明区域技术创新系统影响因素的空间相关性。

设 x_i 为区域 i 的观测值，即 i 区域技术创新要素组成，全局 Moran 指数 [30] 计算公式为：

$$I=\frac{\sum_{i=1}^{n}\sum_{j=1}^{n}W_{ij}\left(x_i-\bar{x}\right)\left(x_j-\bar{x}\right)}{S^2\sum_{i=1}^{n}\sum_{j=1}^{n}W_{ij}} \tag{8–1}$$

式中，$S^2=\frac{1}{n}\sum_{i=1}^{n}\left(x_i-\bar{x}\right)^2$，$\bar{x}=\frac{1}{n}\sum_{i=1}^{n}x_i$，$W_{ij}$ 表示区域 i 与区域 j 之间的空间关系，n 为区域个数。$I\in[-1,1]$，当 $I>0$ 时，表示存在正的空间相关性；反之表示存在负的空间相关性。

然而，全局 Moran 指数只能分析整体集聚程度，不能度量具体区域的差异程度，无法解析哪个区域对全局自相关影响较大。若要检验区域内是否存在局部性的集聚，则需要对局部性指标进行相关分析。设 I_i $(i=1, 2, \cdots, n)$ 为局部 Moran 指数，表示为：

$$I_i = \frac{(x_i - \bar{x})}{S^2} \sum_{j=1}^{n} W_{ij} (x_j - \bar{x}) \tag{8–2}$$

式中，S^2, $\bar{x}$ 同式（8–1）表示，$I_i \in [-1,1]$，W_{ij} 表示区域 i 与区域 j 之间的空间关系，n 为区域个数。当 $I_i > 0$ 时，表示相似观测值处于第一、第三象限，高值之间与低值之间存在局部空间相关性，即相似观测值处于聚集状态；反之表示不同观测值处于第二、第四象限，高值与低值之间存在局部空间相关性，即不同观测值处于空间异常状态。

在软件中通常采取尾概率 p 的方法对其进行假设检验，当 $p < \alpha$ 时，表示拒绝原假设，说明该变量存在空间相关性；反之接受原假设。

2. 空间异质性检验理论

对于空间异质性，需要将空间单元的特性加以考虑，大多可以通过计量经济学方法来估计。本部分首先通过模型检验，确定采用空间滞后模型（SLM）抑或空间误差模型（SEM）进行空间回归分析，然后以专利量构建的我国区域技术创新系统为被解释变量，以影响区域技术创新系统的八大因素为解释变量，选取 2009—2016 年我国 31 个省份面板数据的平均值作为样本空间构造空间回归模型。

我国区域技术创新系统的空间滞后模型和空间误差模型表达式如下：

$$\begin{aligned} \ln dpa_i = \rho W \ln dpa_i + \beta_0 + \beta_1 \ln pa_i + \beta_2 \ln fd_i + \beta_3 \ln rde_i + \beta_4 \ln rdp_i + \\ \beta_5 \ln open_i + \beta_6 \ln lq_i + \beta_7 \ln market_i + \beta_8 \ln pgdp_i + \varepsilon_i \end{aligned} \tag{8–3}$$

$$\begin{aligned} \ln dpa_i = \beta_0 + \beta_1 \ln pa_i + \beta_2 \ln fd_i + \beta_3 \ln rde_i + \beta_4 \ln rdp_i + \beta_5 \ln open_i + \\ \beta_6 \ln lq_i + \beta_7 \ln market_i + \beta_8 \ln pgdp_i + \varepsilon_i;\quad \varepsilon_i = \lambda W \varepsilon_i + \mu_i \end{aligned} \tag{8–4}$$

式中，i (=1, 2, …, 31) 表示省域个数，ρ 为回归系数，W 为空间权重矩阵，dpa_i 表示第 i 个省的技术创新水平，pa_i 表示第 i 个省的知识产权保护强度，fd_i 表示第 i 个省的金融发展水平，rde_i 表示第 i 个省的研发物质资本投入量，rdp_i 表示第 i 个省的研发人力资本投入量，$open_i$ 表示第 i 个省的贸易开放程度，lq_i 表示第 i 个省的产业聚集水平，$market_i$ 表示第 i 个省的市场化程度，$pgdp_i$ 表示第 i 个省的经济发展水平，ε_i 表示残差项，μ_i 为随机误差项，λ 为空间误差系数。

3. 空间结构分布理论基础

区域技术创新系统的空间结构分布包括全局空间自相关性和局部空间自相关性。全局空间自相关分析主要考虑系统整体集聚情况，解释区域到底有无聚集；而局部空间自相关分析主要用来解释资源聚集的具体空间位置和集聚的显著度，本节主要结合这两部分构建我国区域技术创新系统的空间分布。

全局空间自相关分析主要根据筛选出的具有空间效应的影响因素，利用Geoda095i 软件从整体上考察区域技术创新系统的分布情况，而局部空间自相关分析主要根据 LISA 示意图和 Moran 散点图具体分析技术创新资源集聚位置以及程度。其中，由于各变量的 LISA 示意图标注的单元仅仅是通过了显著性检验的单元，并不能反映所有区域技术创新资源的聚集分布以及聚集显著程度，故仍需结合 LISA 图以及 Moran 散点图进行具体分析。而 Moran 散点图以（Wz，z）为坐标点，常用来研究局部空间的不稳定性，它可以看作对空间滞后因子 Wz 和 z 数据对进行的可视化的二维图示。其中，Wz 可以看作对于 z 的线性回归系数，对界外值以及对 Moran 指数具有强烈影响的区域单元，可通过标准回归来诊断，由于数据对（Wz，z）经过了标准化，因此界外值可以很容易地由 2–sigma 规则识别出来。Moran 散点图第一象限（高—高，标记为 HH）表示一个高聚集水平的区域被其他高聚集水平的区域包围；第二象限（低—高，标记为 LH）表示高聚集水平的区域包围着一个低聚集水平的区域；第三象限（低—低，标记为 LL）表示该区域和它周围的其他区域都是低聚集水平的区域；第四象限（高—低，标记为 HL）表示一个区域是高聚集经济水平而周围其他区域是低聚集水平。

二、区域技术创新空间分布实证分析

目前，学者们对于区域技术创新系统的研究主要集中于区域技术创新特征[130]、功能[44]、特殊区域技术创新系统的构建[131]以及运行模式[132]等方面。同时，对区域技术创新系统影响因素的研究主要基于计量经济学或数理统计学，采用模型的估计和相关检验，鲜有研究考虑区域技术创新系统的空间分布效应。而且，经济学中的空间效应问题主要利用空间计量经济学进行研究。空间计量经济学作为区域和城市计量经济学模型的方法论基础是在 1979 年由潘林科（Paelinck）和克拉森（Klaassen）提出的。空间效应包括空间交互作用和空间结构变化两个方面，利用空间计量探索性地研究区域技术创新差异的影响因素和区域技术创新系统的运行机制，确定技术创新系统的组成要素和空间分布，并从空间视角给出提升区域技术创新发展的相关政策建议，具有一定的创新性。

现有学者对区域技术创新系统的研究提供了理论基础，但仍存在不足之处。以往研究大多采用时间序列、截面数据或传统的面板数据，较少使用空间计量方法进行面板数据分析。同时，学者们在进行空间计量分析时，大多忽视了具有空间相关性和空间依赖性指标的确定，笼统地从理论上利用一些定性指标构造其空间分布图，未能将系统结构进行分解，未依据具有空间效应的影响要素分析其对区域技术创新系统的作用机制及效果。鉴于此，本节以区域技术创新系统为研究对象，采用逆向思维深挖影响区域技术创新系统的空间影响要素。首先，利用空间计量经济学 Moran 指数对影响区域技术创新的多种要素进行空间相关性检验，测度影响因素的空间相关性，从而筛选出具有空间依赖性的影响因素；其次，利用空间回归分析进一步确定具有空间依赖性的影响因素，除掉对区域技术创新系统影响不显著的影响因素，在具有空间依赖性影响因素的基础上测度影响因素的空间异质性，二次筛选关键影响因素；最后，利用二次筛选出的影响因素指标精准确定区域技术创新系统的空间分布构成，进而从空间视角给出提升区域技术创新发展的相关政策建议，弥补现有研究在此方面的不足。

1. 数据来源

基于不同属性数据的可获得性和统计口径差异性，选取 2009—2016 年我国 31 省（自治区、直辖市）的省际面板数据作为样本，原始数据均来源于《中国统计年鉴 2016》《中国高技术产业统计年鉴 2016》《中国金融年鉴 2016》。

2. 区域技术创新系统影响因素变量设定

根据上述影响因素作用机理分析，选取的度量指标见表 8–1。

表 8-1　变量的选取

变量类型	变量名称	指标选取	符号	单位
解释变量	知识产权保护	技术市场成交额 / 地区生产总值	*pa*	%
	金融发展	金融机构存贷款余额 / 地区生产总值	*fd*	%
	研发物质资本投入	研发内部经费支出	*rde*	万元
	研发人力资本投入	研发人员折合全时当量	*rdp*	人年
	贸易开放程度	进出口总额 / 地区生产总值	*open*	%
	产业聚集水平	产业集聚程度①	*lq*	—
	市场化程度	市场化指数②	*market*	—
	经济发展水平	人均生产总值	*pgdp*	元 / 人
被解释变量	技术创新	国内专利申请授权数	*dpa*	件

注：

① 产业集聚程度：用区位熵法测算各地区的产业聚集程度。

计算公式为：

$$lq=\frac{x_{ij}/\sum_{i}x_{ij}}{\sum_{j}x_{ij}/\sum_{i}\sum_{j}x_{ij}}$$

式中，i 表示第 i 产业，j 表示第 j 地区，x_{ij} 为第 j 地区第 i 产业的产值指标。

②市场化程度：2009—2016 年市场化指数借鉴樊纲 [50] 的计算方法，根据 1997—2009 年樊纲计算出的市场化指数，采用 MATLAB 插值法进行估计得到。

3. 影响因素空间相关性检验实证分析

区域技术创新系统作为一个复杂的空间系统，受多种因素的影响。为了阐明区域技术创新系统空间效应分布结构，本书通过对已有文献的梳理，首先对影响区域技术创新的多种因素进行空间相关性检验。此处，利用 2009—2016 年影响我国区域技术创新的相关指标数据，选择基于 Rook 方式的空间邻接方法构建空间权重矩阵，并采用 Moran 指数来检验我国区域技术创新的空间自相关性，见表 8-2。

表 8–2　2009—2016 年我国区域技术创新系统要素的 Moran 指数

	2016		2015		2014		2013	
	Moran	p 值	Moran	p 值	Moran	p 值	Moran	p 值
dpa	0.2524	0.007***	0.2625	0.011**	0.2742	0.009***	0.2847	0.003***
pa	0.062	0.056*	0.0326	0.102	0.0397	0.056*	0.0416	0.061*
fd	0.0426	0.19	0.0406	0.477	0.0034	0.331	0.0595	0.408
rde	0.0539	0.12	0.0407	0.14	0.0353	0.154	0.0314	0.16
rdp	0.081	0.093*	0.0615	0.099*	0.0367	0.133	0.031	0.136
open	0.2987	0.004***	0.2893	0.008***	0.2997	0.003***	0.3174	0.004***
lq	0.2864	0.005***	0.2843	0.005***	0.2841	0.006***	0.2858	0.004***
market	0.5929	0.001***	0.5923	0.001***	0.5984	0.001***	0.6009	0.001***
pgdp	0.4142	0.001***	0.4185	0.001***	0.4248	0.001***	0.4278	0.001***
	2012		2011		2010		2009	
	Moran	p 值	Moran	p 值	Moran	p 值	Moran	p 值
dpa	0.2635	0.007***	0.2544	0.011**	0.1976	0.032**	0.1919	0.026**
pa	0.0317	0.094*	0.0467	0.083*	0.0448	0.082*	0.0558	0.075*
fd	0.1114	0.086*	0.1238	0.058*	0.1099	0.073*	0.1108	0.08*
rde	0.0313	0.123	0.0541	0.108	0.0314	0.174	0.0451	0.137
rdp	0.015	0.182	0.0099	0.233	0.0122	0.681	0.0111	0.674
open	0.3328	0.005***	0.3466	0.003***	0.3474	0.004***	0.363	0.003***
lq	0.2859	0.007***	0.2807	0.005***	0.2755	0.007***	0.276	0.007***
market	0.6033	0.001***	0.6244	0.001***	0.6332	0.001***	0.6177	0.001***
pgdp	0.4162	0.001***	0.3828	0.001***	0.3867	0.001***	0.363	0.002***

注：***、**、* 分别表示通过 1%、5%、10% 水平下显著性检验。

由表 8–2 可知，2009—2016 年我国区域技术创新系统各变量的全局 Moran 指数都大于零，但 *fd*、*rde* 以及 *rdp* 等要素没有通过空间相关性检验，*pa* 要素仅 2015 年没有通过空间相关性检验，说明我国 31 个省份的技术创新系统除金融发展、研发物质资本投入以及研发人力资本投入这三要素外，其余均存在全局空间自相关性。也就是说，具有空间关联性的影响因素为区域知识产权保护、贸易开放程度、产业聚集水平、市场化程度、经济发展水平。

4. 影响因素空间异质性检验实证分析

由于空间依赖性的广泛存在，空间异质性也一直是空间计量经济学研究的重点领域。空间异质性是指经济行为在空间上不稳定，具体表现为考察变量以及模型参数和误差性方差随区位变化。本节以区域技术创新水平为被解释变量，以存在空间相关性的区域技术创新系统影响因素作为解释变量，选取 2009—2016 年我国 31 个省份面板数据的平均值作为样本空间，构造空间回归模型进行影响因素的二次筛选。

首先，确定是采用空间滞后模型（SLM）还是采用空间误差模型（SEM）进行空间回归分析，根据安赛林（Anselin）和弗洛雷克斯（Florax）的判断标准 [133] 构建选择空间模型，检验结果见表 8–3。

表 8–3　空间自相关检验结果

空间自相关检验	LMLAG	R-LMLAG	LMERR	R-LMERR
统计量	1.2661	1.5935	0.0574	0.3847
P 值	0.0989	0.2068	0.2605	0.1351

由表 8–3 可知，LMLAG、LMERR 的 *P* 值为 0.0989、0.2605，LMLAG 较显著，而 R-LMERR 的 *P* 值比 R-LMLAG 的 *P* 值小，说明 R-LMERR 比 R-LMLAG 显著，故此处采用空间滞后模型（LAG）更为合理，结合式（8–3）进行估计，估计结果见表 8–4。

表 8–4 模型估计结果

	回归系数	*Z* 值
C	3.6020***	1.6548
ln *pa*	–1.6887***	–2.9709
ln *open*	5.7481***	1.0208
ln *lq*	5.8719***	5.6858
ln *market*	3.7766***	1.3491
ln *pgdp*	–0.2006	–0.0798
统计检验	**统计量**	***P* 值**
R-squared	07694	—
log *likelihood*	–35.8656	—
AIC	73.1311	—
SC	74.1349	—
LR	1.0100**	0.0325

注：***、**、* 分别表示通过 1%、5%、10% 水平下显著性检验。

由表 8–4 可知，在 10% 的显著性水平下，区域知识产权保护（ln *pa*）、贸易开放程度（ln *open*）、产业聚集水平（ln *lq*）、市场化程度（ln *market*）对我国区域技术创新系统的影响显著，且除知识产权保护以外系数均为正，表明贸易开放程度（ln *open*）、产业聚集水平（ln *lq*）、市场化程度（ln *market*）对区域技术创新具有正向的促进作用，区域知识产权保护（ln *pa*）对我国区域技术创新产生负向作用，即区域知识产权保护强度越大，该区域技术创新的空间效应越不明显，不能产生创新集聚与创新溢出效应。同时，从各解释变量的系数绝对值来看，产业聚集水平（ln *pa*）对技术创新的影响最大，贸易开放程度（ln *open*）次之，而经济发展水平（ln *pgdp*）对我国区域技术创新系统的空间创新集聚以及空间创新溢出效应影响不大。

综上所述，通过空间相关性与空间异质性检验，可以筛选出具有空间效应的影响因素为区域知识产权保护（ln *pa*）、贸易开放程度（ln *open*）、产业聚集水平（ln *lq*）、市场化程度（ln *market*）。

5. 区域技术创新系统空间结构分布

将上述二次筛选出的具有空间效应的影响因素反映到空间结构上，结合空间结构分布的理论基础，利用 Geoda095i 软件通过绘制技术创新系统各影响因素的空间分布图可以反映出：我国区域技术创新系统各要素的空间分布各异，知识产权保护要素（ln *pa*）多集中于我国内陆地区，而国内专利申请授权数（ln *dpa*）、贸易开放程度（ln *open*）、产业聚集水平（ln *lq*）、市场化程度（ln *market*）要素空间分布主要集中在环渤海湾经济区、长江三角洲经济区、珠江三角洲经济区以及成渝经济区。这进一步说明了我国知识产权保护较强的地区不能产生区域技术创新系统的空间溢出效应，验证了我国知识产权保护（ln *pa*）与技术创新系统具有负向关系的结果。

然而，上述全局空间自相关分析只可说明具有空间效应的影响因素的整体集聚情况，同时解释了区域到底有无聚集，而没有解释聚集的具体空间位置和集聚的显著度。所以，仍需进一步考虑局部空间自相关分析，同理，通过利用 Geoda095i 软件通过绘制 LISA 图可反映出：我国区域技术创新系统在空间上基本形成了内蒙古、新疆低值聚集区，长江三角洲经济圈高值聚集区的分布格局；而具有空间效应的影响因素其高、低值聚集区各不相同。知识产权保护因素没有明显聚集地区；贸易开放程度因素以西北为低值聚集区，江苏、上海为高值聚集区；产业聚集水平因素以宁夏、青海和新疆为低值聚集区，以山东、江苏、福建为高值聚集区；市场化程度因素则以甘肃、青海、新疆和西藏为低值聚集区，以长江三角洲经济圈为高值聚集区。综合以上内容可得：我国区域技术创新系统整体分布格局与具有空间效应的影响因素分布格局相匹配。但是，由各变量空间 LISA 示意图绘制过程可反映出的单元仅仅是通过了显著性检验的单元，并不能反映所有区域技术创新资源的聚集分布以及聚集显著程度。因此，为进一步进行研究，本节将结合 Moran 散点图来研究所有区域技术创新资源的空间聚集分布以及聚集显著度。我国技术创新系统以及要素 Moran 散点图，如图 8–2 所示。

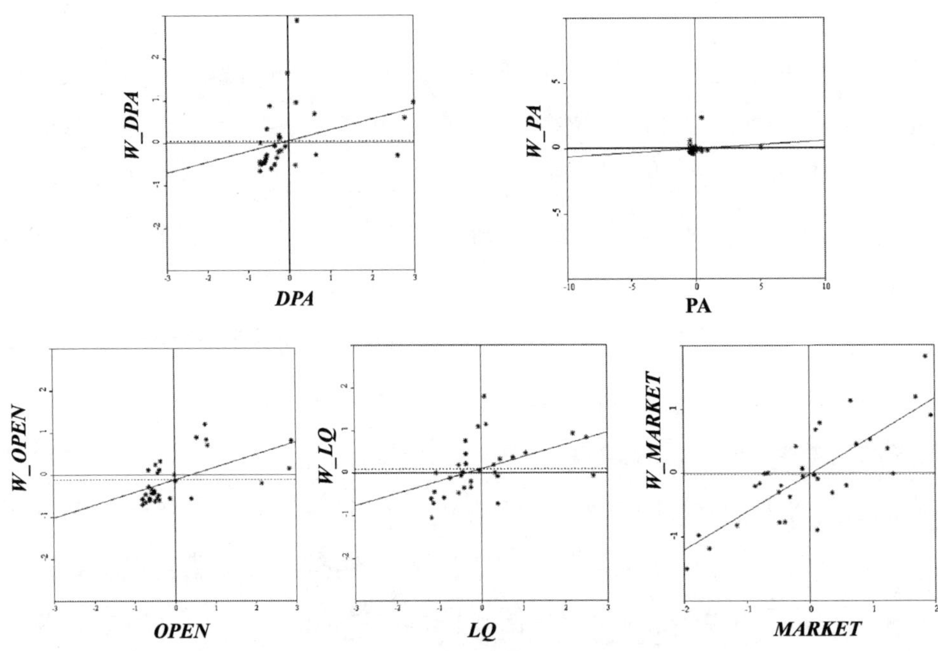

图 8–2　我国技术创新系统以及要素 Moran 散点图

由图 8–2 可以发现，我国区域技术创新系统集聚区域多分布在第一、第三象限，即 HH 和 LL 区域，而在其他象限分布的省份较少，多数区域与相邻区域之间创新具有溢出效应。此结果说明了我国区域技术创新存在集聚的特点，即高技术创新倾向多在沿海地区聚集，低技术创新倾向则在西部地区集聚。且我国大部分省（自治区、直辖市）存在相似值为正的空间关联。同时，结合区域创新系统各要素 LISA 图以及 Moran 散点图可以看出，我国技术创新较高区域的创新资源会产生溢出效应，尤其以长江三角洲为聚集核心，技术创新资源会逐步向周边区域扩散，产生创新溢出。

三、研究结论

利用 2009—2016 年 31 个省际面板数据，采用逆向思维，创新性地通过二次影响因素筛选，筛选出具有空间效应的影响因素，从而对我国区域技术创新系统的空间结构分布进行测度。通过测度，我们可以发现，同一区域不同创新要素的空间构成不同，不同区域的同一创新要素的空间构成也不同，具体得出以下结论。

第一，我国区域技术创新系统是一个多要素相互作用的复杂系统。其受金融发展、知识产权保护、研发物质资本投入、研发人力资本投入、贸易开放程度、产业聚集水平、市场化程度、经济发展水平等多种影响因素制约。

第二，我国区域技术创新系统的影响因素具有空间效应。其具体包括：区域知识产权保护、贸易开放程度、产业聚集水平、市场化程度、经济发展水平等影响因素存在空间相关性；区域知识产权保护、贸易开放程度、产业聚集水平、市场化程度等影响因素存在空间异质性。

第三，我国区域技术创新系统的空间结构分布具有以下特征：影响因素的空间分布主要集中在环渤海湾经济区、长江三角洲经济区、珠江三角洲经济区以及成渝经济区；同时，从整体态势上看，高技术创新区域多在沿海地区集聚，低技术创新区域多在西部地区集聚，构成了东高西低的聚集态势，区域技术创新差异呈现明显的梯度特征。

第三节　对策建议

为更好地提升各区域技术创新能力，根据上述的实证结果，围绕区域技术创新系统的影响因素及空间结构分布机理分析，提出以下政策建议。

一是提高区域技术创新系统间要素流转水平。加快区域间技术资源流动，推动区域间技术要素交流互动，贯彻先富带后富的理念，缩小各地区产业技术创新的差距，进而缩小区域间经济差异。

二是促进区域技术创新系统组成要素协同发展。切实依据各区域技术创新系统的差异性，结合知识产权保护强度、市场化程度和贸易开放程度等影响因素，制定鼓励跨区域技术创新合作的政策。同时，各区域加强区域之间的金融合作，提高资本的融合度，实现金融资本的最优配置，提升产业集聚水平，缩小地区之间的差距。

三是加快区域间可达性建设，强化核心区域的溢出效应。降低区域间合作的经济成本，预防“诸侯经济”的产生，减少区域间人为设置的各种贸易壁垒和市场壁垒，合理流转区域间创新资源，构建区域技术创新合作网络，增强各区域的技术创新能力。

第九章　区域技术创新环境网络结构分析

创新是一个民族进步的灵魂，是一个国家崛起的筋骨。中国要实现民族伟大复兴，促进经济社会全面发展，关键在于提高创新能力。党的十九大报告明确指出，创新是引领发展的第一动力。这是从战略和全局出发，把创新的意义提升到新的高度。在区域经济发展中，创新是重要的驱动力。地方政府要培育区域经济核心竞争力，很大程度上取决于区域技术创新环境。区域技术创新环境是优化区域创新发展的重要载体，在经济全球化发展越来越快的今天，很多国家和地区为增强竞争优势，都在大力营造适宜的区域技术创新环境。加强区域技术创新环境建设对增强区域经济可持续发展能力、打造创新型城市、全面实现现代化具有重要意义。

区域技术创新环境是创新主体进行创新的约束系统，良好的区域技术创新环境有利于优化、整合区域内的创新资源，推动创造新知识、生产新产品、提供新服务，并将这些新产品或新服务成功地推向市场，从而形成持续的、大规模的经济增长效应，推动区域经济持续发展。技术创新环境受多种因素的影响，适宜的技术创新环境有利于政府进行环境要素的合理配置，为提高区域技术创新能力，促进经济和谐、健康、快速发展提供支持。

在网络经济时代，网络成为第一生产要素，技术创新关系也日益演化为一个复杂的创新网络。简单的线性分析方法无法透彻地、全面地理解创新，网络概念来自社会化结构观念，网络已成为创新和扩散的主要依托形式。弗里曼（Freeman[134]）首次提出创新网络的概念，认为创新网络是对应于系统创新的一种新机制。创新网络的形成是为适应创新复杂性，是一种适应创新复杂性的组织结构。其理论注重创新关系中不同个体的交互作用和结构差异，区域创新网络已成为创新管理学界的一个前沿性研究问题。根据区域创新的系统组成和空间分布对创新性能做出新的解释，本章通过构建我国区域技术创新环境网络，运用社会网络分析方法，从网络结构、网络优化以及网络区块三大方面测评区域技术创新环境发展状况。

第一节　区域技术创新环境网络模型构建

创新是经济增长和发展的重要引擎。区域技术创新环境是区域经济保持持续竞争和发展所必需的物质文化和社会环境。作为创新的孵化器，区域技术创新的产生、发展都必须在一定的环境中流动和转换。良好的区域技术创新环境可以更好地促进区域经济发展，客观评价区域创新环境的优劣，对区域创新系统改进优化、改善发展提供差异性的政策建议有一定的指导作用。正是基于这种紧密关系，近年来，在大众创业、万众创新的浪潮中，已激起国内外学者对此问题的研究兴趣。而区域技术创新环境能否促进区域创新的发展，并且以此促进经济发展，缩小区域间经济差距，将是本节的论述重点。

区域创新环境对于技术创新具有决定性作用。区域创新环境最先由欧洲创新研究小组提出[135]。在此基础上，不同学者从不同角度对此定义进行了延拓。艾达洛（Aydalot）和基布尔（Keeble[14]）、哈马科尔皮（Harmaakorpi[136]）强调区域创新环境的根植性；弗里曼（Freeman[134]）则定义区域技术创新环境为一种区域技术创新网络关系；王缉慈将其定义为发展高新技术产业所必需的社会文化环境[18]。目前，学术上较为推崇福姆霍尔德·艾塞比（Formhold-Eisebith[137]）的观点，他在解释区域技术创新环境的概念时指出三个基本要素，包括一切正式社会契约所组成的网络，行为主体的邻近地域外部形象和内部归属感。区域技术创新环境对于区域发展发挥着重要作用。区域技术创新环境是动态发展的，不仅包括经济要素，还包括各种非经济要素。关于区域技术创新环境的评价，现有研究基本都是参考中国科技发展战略小组的研究框架进行分析，类似区域创新环境的评价。许婷婷和吴和成[138]将区域创新环境分为基础设施环境、市场环境、创新人文环境和金融环境等四个维度进行评价；李琳和陈文韬[139]将区域创新环境分为基础设施环境、资源环境、制度环境、社会文化环境以及组织网络环境五个部分，并采用主成分分析法和聚类分析法对 31 个省（自治区、直辖市）区域创新环境差异进行了定量评估。同时，不同学者[140, 141]采用不同方法验证了区域技术创新环境对区域技术创新能力的影响。从网络视角，熊宇[142]根据环境要素的社会属性、动态属性和网络属性，采用 Ucinet 和 Pajek 软件对区域技术创新环境的关键要素进行识别。考虑到目前的研究成果大多是从静态视角出发，将网络属性作为一个影响因素附加考虑，而真正以网络视角特别是采用社会网络理论研究区域技术创新环境的拓扑空间结构文献鲜有。

此外，借鉴福姆霍尔德的观点，“关系”在区域技术创新环境中也发挥着重要作用。“关系”特征最早由格兰诺维特（Granovetter[143]）开展研究，他首次提出“网络结构”的概念。其后，他进一步从嵌入性角度出发，界定了关系性嵌入与结构性嵌入两类嵌入模式[144]。结构是一种无形资源，区域技术创新环境的结构逐渐成为区域技术创新能力的决定性因素，也是近年来研究的新热点。因此，本书基于社会网络视角构建区域技术创新网络，从网络结构维度以及关系维度创建衡量准则，评价区域技术创新环境优劣，考察区域技术创新环境差异，揭示区域技术创新环境引起的区域经济空间布局，深挖区域技术创新环境在创新发展中的重要性；同时，根据相关指标的数据收集，在理论分析基础上进行实证检验,得出结论,并从网络视角给出提升区域技术创新发展的相关政策建议，进而弥补现有研究在此方面的不足。

一、区域技术创新环境网络结构概念模型构建

按照社会网络理论，任何社会活动的成员都处于由多个参与者构成的社会关系网络中，只要有人的参与必定会引起社会关系的变动。所以，本章从研究社会角度的四个方面来解析区域技术创新环境关系网络的概念模型，如图 9–1 所示。

随着我国市场经济的发展，地方之间合作的交流关系也越来越紧密。为加快区域创新步伐，很多区域间建立了创新资源转移联盟，构建起跨区域创新扩散网络。以此技术创新网络来安排创新资源在全国的合理流向，可以提升各自的创新环境。

借鉴格兰诺维特提出的网络结构概念，将区域技术创新环境从结构和关系两个维度进行刻画，同时借鉴参考文献[145, 146]的研究成果，本章用网络规模、网络集中度、网络外部性以及网络结构洞来刻画结构维度，用节点之间的联系强度以及联系弹性来描述关系维度，具体指标构建分析如下。

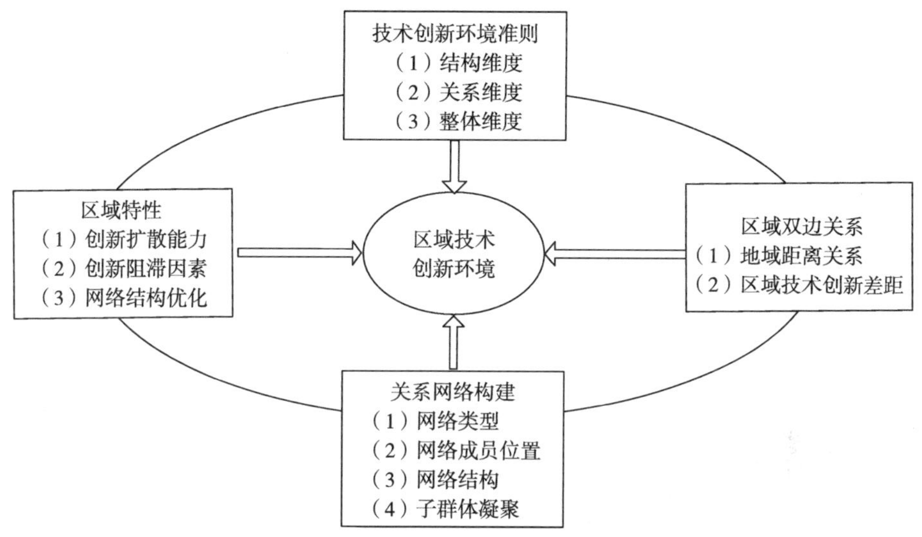

图 9–1　区域技术创新环境关系网络的概念模型

第一，网络规模。网络规模是网络结构中最基本的特征，反映整个网络最基本的整体情况，本节通过区域网络中重要节点数量来反映 [147]。

第二，网络集中度。网络集中度是社会网络中组织参与者行为效率的表现 [148]。网络越集中就越容易存在网络核心，说明能够集中足够多的资源去开展创新活动，拉动周边地区的发展。

第三，结构洞。结构洞是社会网络中的一个重要度量指标，它由伯特（Burt [149]）提出，指网络成员之间没有直接联系，出现联结中断。结构洞至少涉及三个行动者之间的关系，指的是两个联系之间非冗余的关系，强调了三方关系结构的重要性。

第四，网络外部性。区域创新网络内各行为主体之间的联结不仅局限于本地区域内，同时也要与区域外进行积极的沟通，不断地扩大自己赖以生存的网络，汲取外部劳动力、技术和资金等生产要素，从而获得互补性的资源，并不断向外开辟新的市场[150]。

第五，强联系。强联系即节点之间联系强度，代表网络中联系紧密的、集中的联系。网络成员之间由于共同或者互补的现实需求进行资源共享，加强相互之间的紧密合作[151]。

第六，弱联系。弱联系即节点之间的联系弹性，代表网络中的非正式关系，包括公共关系以及个人在社会中的人际关系等。在创新网络中起桥梁和中介作用，网络中的弱联系在一定程度上可以加强网络的弹性，提高网络的鲁棒性，使网络成员之间的交流更加密切[152]。

二、区域技术创新环境网络结构指标体系构建

综上所述，社会网络视角下区域技术创新环境空间网络评价指标体系的构建见表 9–1。

表 9–1　区域技术创新环境空间网络评价指标

指标	维度	一级指标	具体指标
区域技术创新环境	结构维度	网络规模	普通高等学校本科招生数（万人）
			研究与试验发展人员
			高技术产业研发人员折合全时当量（人 / 年）
			地区生产总值（亿元）
			规模以上工业企业发明专利申请数（件）

续表

指标	维度	一级指标	具体指标
区域技术创新环境	结构维度	网络集中度	大专及以上学历人口比重
			产业集聚水平
			研发经费与地区生产总值比例（%）
			科研与综合技术服务业新增固定资产占全社会新增固定资产比重（%）
		网络开放度	实际利用外商直接投资额（亿元）
			贸易开放程度
		结构洞	地方财政教育支出（亿元）
			地方财政科技拨款占地方财政支出比重（%）
			全社会固定资产投资（亿元）
	关系维度	强联系	市场化指数
			国内发明专利申请授权量（项）
			高技术产业研发内部经费支出（万元）
			规模以上工业企业开发新产品经费（万元）
			（三种专利）国内专利申请授权量（项）
		弱联系	科学研究、技术服务和地质勘查业城镇单位就业人员（万人）
			高新技术产业增加值占工业增加值比重
			规模以上工业企业新产品销售收入（万元）

第二节　区域技术创新环境网络特征实证分析

在大数据和云平台的驱动下，网络化发展日渐成型，区域技术创新环境也不例外。区域技术创新环境受区域内自然资源、金融资源、人文资源等创新资源的影响，不同区域的技术创新环境受制于地理环境以及经济环境。然而，已有研究主要局限于对某区域的技术创新环境进行评价，忽略了区域技术创新环境分布、结构、发展水平的空间差异等规律。同时，区域结构差异也是区域技术创新环境异质性的根本来源。各微观行为主体之间的信息也不是共享的，由于地域差异、经济发展水平等因素制约，这些关系在时间和空间上也具有异质性。基于此，根据第二节构建的指标体系，利用 Ucinet 软件从整体维度、结构维度、关系维度三个维度对区域技术创新环境进行解析，具体结果如下。

一、网络结构及空间分布研究

1. 对象选择与数据选取

选取 2016 年 31 个省（自治区、直辖市）的省际截面数据作为样本，本节原始数据主要来源于《中国统计年鉴 2017》《中国劳动统计年鉴》《2017 中国城市发展报告》《中国城市统计年鉴 2017》等。

2. 空间结构构成

根据表 9–1 指标体系的构建，首先利用 Matlab 对三个维度的原始数据标准得分矩阵进行处理，然后利用夹角余弦定理计算出各省（自治区、直辖市）之间的相似距离，整理出各省（自治区、直辖市）之间的距离矩阵，最后利用 Ucinet 软件得到三个维度的复杂网络图并统计出各区域的中心度，具体如图 9–2 和图 9–3 所示。

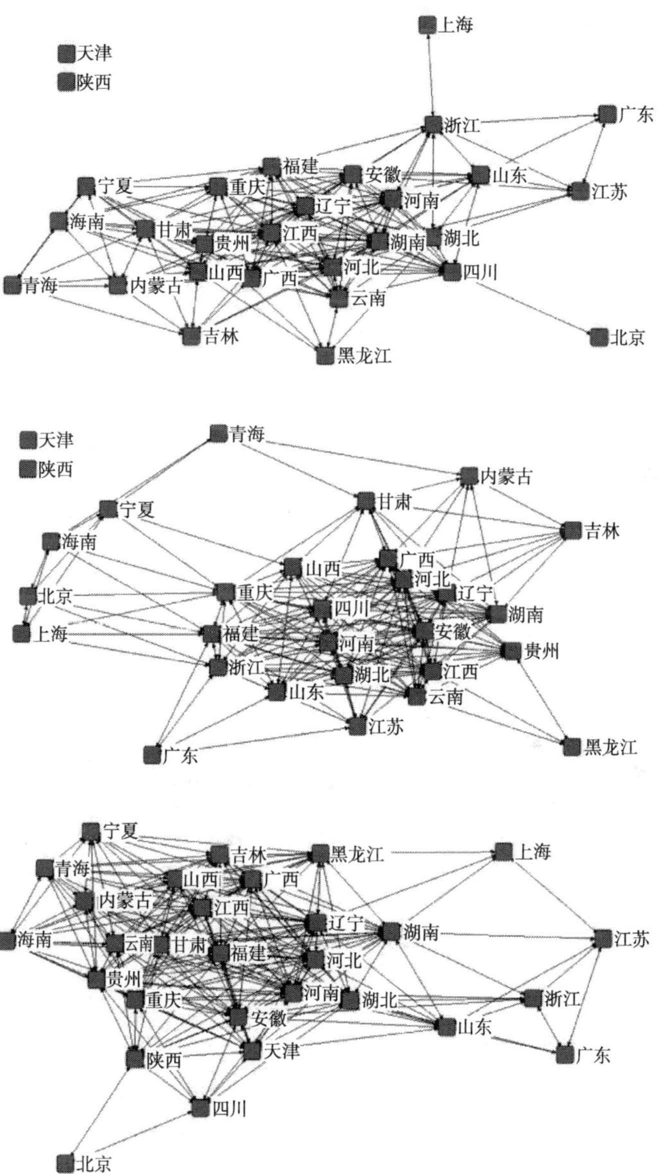

图 9–2　整体、结构和关系维度下的网络

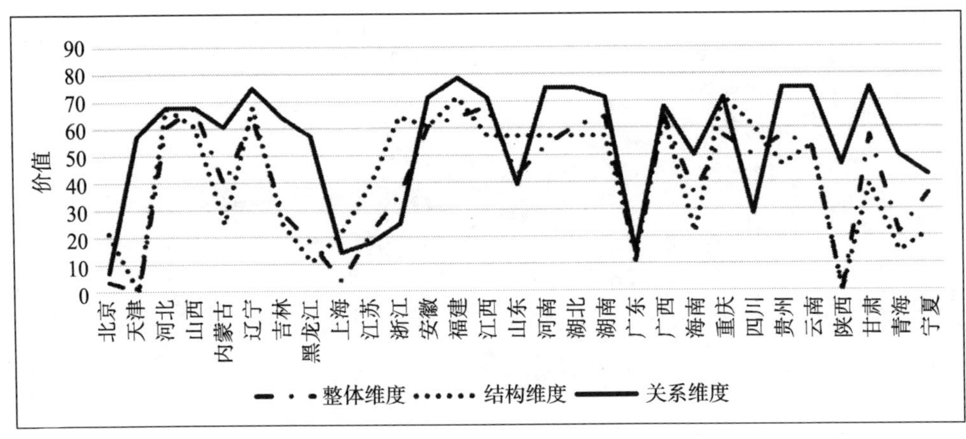

图 9–3　区域技术创新环境网络中心性分析

从图 9–2 可知，整体维度和结构维度下的区域创新网络紧密度较小，网络不紧凑，节点（省份）分布分散，创新扩散路径较大；而关系维度影响下的区域技术创新环境网络节点之间联系较为紧密，创新扩散路径较为简短。

从图 9–3 可知，除个别节点外，三个维度下节点的中心性趋势一致，即区域技术创新环境在水平视域下具有地域相似性。同时，中心度较大的节点（省份）其技术创新环境以及技术创新能力能够更好地扩散到周边区域，对其他区域产生积极影响。而北京、天津、上海、广东这些发达地区比较孤立，其中心度较低，创新影响力低，说明区域之间的技术创新环境以及技术创新能力严重失衡，使发达区域的高新技术扩散路径受滞碍。

在整个网络图中，陕西作为连接西北与中部地区的关键省份，没有在区域技术创新网络上起到很好的扩散作用，处于孤立点位置。而甘肃作为西北重省将西北的创新网络紧密连接起来。

总之，借鉴参考文献 [153, 154] 的观点，区域技术创新环境的网络化、结构化加深了区域间的创新交流，有利于打破诸侯经济对区域经济发展的限制，带动区域间自然、人文以及经济资源的流转，提升技术创新资源的流动效率，优化技术创新资源的配置方式。更为重要的是，区域技术创新环境网络可以将全国创新资源整合在一起，避免资源浪费，不断打破资源流动束缚，促进各区域技术创新环境提升，增强发达区域技术创新溢出效应，加强欠发达区域技术创新资源补助，增强全国技术创新能力，提高经济水平。

3. 空间结构优化

随着区域技术创新环境空间现象的日益繁杂，逐渐呈现出节点化、拓扑化和网络化的特征，拓扑理论作为一种新的途径和方法在区域创新网络空间形态研究领域得到了广泛的应用。由区域技术创新网络图可知，节点之间的连线越密集，说明网络成员之间的创新交流越频繁，区域间的技术创新活动越容易形成创新联盟，联盟之间的技术创新资源越容易形成优势互补，进而有利于缩小区域技术创新差距，即合理的区域技术创新网络结构对生产要素的流动和集聚发挥积极作用，引导区域技术创新系统协调发展，促使空间结构状态最优。

网络结构逐渐成为区域创新能力的关键决定因素，其评价也成为区域技术创新能力评价研究的新方向。拓扑学作为一门边缘交叉学科，在拓扑空间性质与形态结构研究方面具有强大的分析能力。由图 9–2 可知，区域技术创新网络紧密度不高，存在孤立点。为了缩小区域技术创新环境的差异，需对网络图进行空间优化。根据结构决定功能的基本观点，整个拓扑结构的优劣决定了系统的合理性。拓扑图的网络密度决定网络成员之间的联系程度，进而影响网络稳定性与网络弹性，最终影响网络成员之间的交流；而网络规模则决定网络成员联系的最大交流路径。因此，本节利用网络密度及网络规模对整体网络进行优化，在保证网络规模一定的条件下，网络密度越大，网络结构越合理，反映到本章中则是区域技术创新网络成员之间的影响越积极。此外，还可利用多边限制法（5 边限制法），即通过调节节点之间的连线，找出网络异质节点（省份）对网络图进行优化，如图 9–4 所示。

比较图 9–2、图 9–4 可知：空间优化后区域技术创新环境网络联系紧密，其拓扑结构相关度量指标统计数据见表 9–2。

表 9–2　区域技术创新环境网络优化指标对比

	原始区域技术创新环境网络指标				优化后区域技术创新环境网络指标			
网络主体	网络规模	网络密度	节点平均距离	凝聚力指数	网络规模	网络密度	节点平均距离	凝聚力指数
整体维度	29	0.4138	1.661	0.620	23	0.6047	1.405	0.775
结构维度	29	0.4236	1.598	0.632	24	0.5707	1.473	0.778
关系维度	29	0.5493	1.525	0.763	25	0.7000	1.307	0.849

进一步，为了缩小区域技术创新环境差异，政府需特别关注一些省（自治区、直辖市）的发展，见表 9–3。

表 9–3　区域技术创新环境网络异质点

整体维度关联网络调整省（自治区、直辖市）	北京、天津、上海、广东、陕西
结构维度关联网络调整省（自治区、直辖市）	天津、广东、黑龙江、陕西、青海
关系维度关联网络调整省（自治区、直辖市）	北京、上海、广东、江苏

综上所述可知：①北京、上海、广东等发达区域产生的创新溢出效应不强，其技术创新资源没有更好地扩散到周边省（自治区、直辖市），带动周边创新发

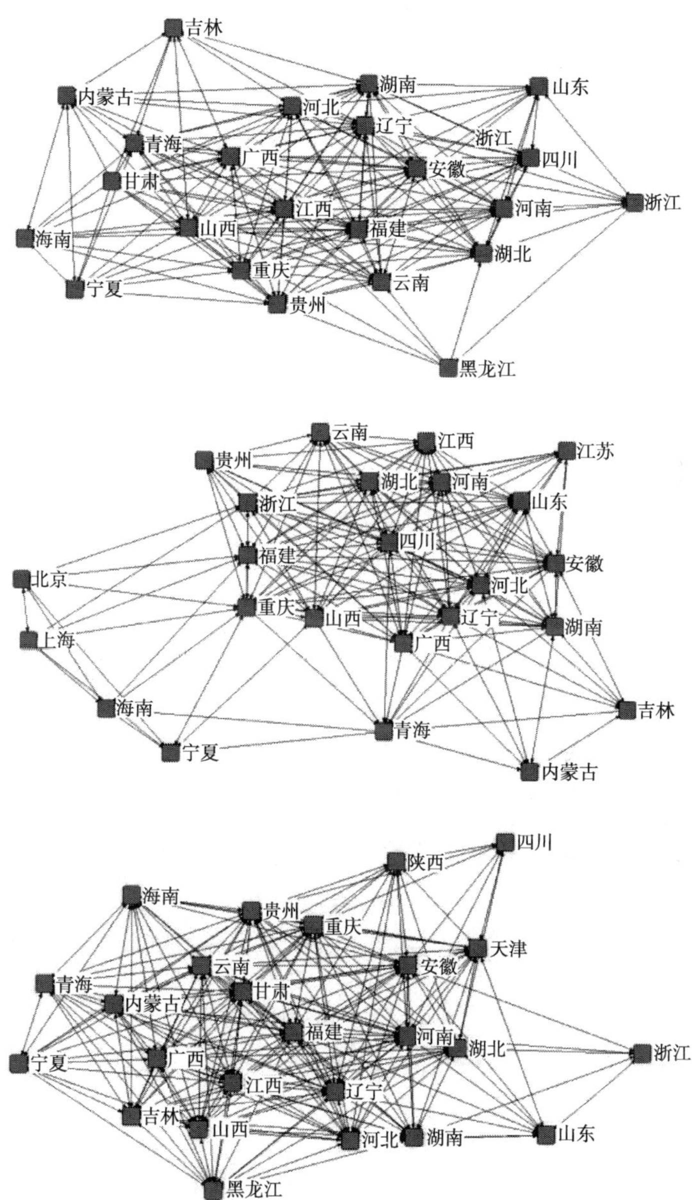

图 9–4　优化后三维度下的关联网络

展；② 陕西、青海等作为连接西北与中部的重要省（自治区、直辖市），没有很好地起到创新扩散中介作用，在一定程度上使得全国创新网络的扩散路径受到滞碍；③ 为了进一步促进创新资源更好地流动，政府要加强北京、上海、广东以及江苏这些发达区域的创新环境布局建设，以期能够更好地带动周边区域的技术创新发展；④ 要强化陕西、青海等节点省份的中介作用，完善创新布局，加强创新能力，提高创新影响力。

二、凝聚性分析

凝聚性分析是对社会网中的成员进行子群分派，从而描述网络成员在社会复杂行为中的一致性表现，本章采取 *n*- 派系，根据区域技术创新环境的相似性进行子群划分。其中，区域技术创新环境相似性通过区域技术创新网络结构属性（结构维度与关系维度）来刻画，而结构维度构造网络框架，衡量网络的稳定性；关系维度演化网络弹性，衡量网络包容性。此外，本节的研究目的是通过构建我国区域技术创新环境网络来布局区域间创新资源的合理流向，从这个角度讲，采取关系维度来反映区域创新环境网络的有效扩散路径更为合理。因此，此处运用 Ucinet 软件将关系维度刻画的区域技术创新网络进行块模型分析，如图 9–5 所示。

由图 9–5 可知，子群的划分以及子群之间的差异较为明显。一方面，从地域来看，距离较近的省市其技术创新环境相似程度较为一致，如子群 5 中吉林、黑龙江、内蒙古以及山西组成的创新子群体，充分说明区域技术创新扩散受距离影响较为显著；另一方面，子群内部成员打破了传统地理距离的限制，如子群 5 中广西就与其他子群成员地理距离较远，充分说明区域技术创新辐射具有较强的外部性。

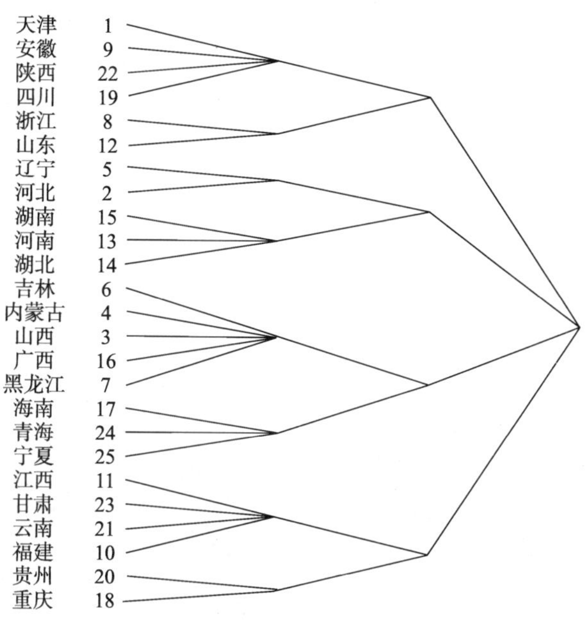

图 9–5　区域创新环境水平的子群分派

同时，子群划分的组数也直接影响到子群划分效果的优劣，此处采用凝聚子群的分派指数来判断子群划分的优劣，见表 9–4。

表 9–4　八子群分派指数

子群划分	第一子群	第二子群	第三子群	第四子群	第五子群	第六子群	第七子群	第八子群
E-I 值	0.564	0.714	0.897	0.797	0.545	0.700	0.714	0.902

由表 9–4 可以看出，采用八子群划分，各子群 *E-I* 值均为 0.5 以上，说明子群网络的派别林立程度较小，八子群划分比较合理。同时，子群内部成员（省份）的技术创新环境相似度大，创新水平扩散力强。

进一步，结合块模型得出关系维度下创新网络的子群密度，见表 9–5。

表 9–5 关系维度下区域技术创新网络子群密度表

	1	2	3	4	5	6	7	8
1	1.000	0.375	0.750	0.833	0.150	0.167	0.688	1.000
2		1.000	0.500	1.000	0.000	0.000	0.125	0.000
3			1.000	1.000	1.000	0.167	1.000	1.000
4				1.000	0.867	0.000	1.000	1.000
5					1.000	0.933	1.000	0.800
6						1.000	1.000	0.833
7							1.000	1.000
8								1.000

子群密度表反映了各子群之间的重叠性，相互之间的密度越大，说明子群之间的重叠性越高。根据上文所述，子群在三个维度下的整体网密度平均值为 0.625，所以本节设定：两子群间的密度为 0，说明两子群成员没有发生交流，即子群没有产生外部效应；两子群间密度小于 0.625，说明两子群成员间进行了一定的资源流转；而两子群间密度大于 0.625，则说明两子群成员构建了创新联盟，使得技术创新资源在联盟中积极流动，优势互补。为了能够形象地说明各子群间的影响力，本节采用子群间密度的像矩阵（即将密度矩阵中小于 0.625 的替换为 0，大于 0.625 的替换为 1）对总体的块模型进行描述，同时画出子群密度关系形象图，具体如图 9–6 所示。

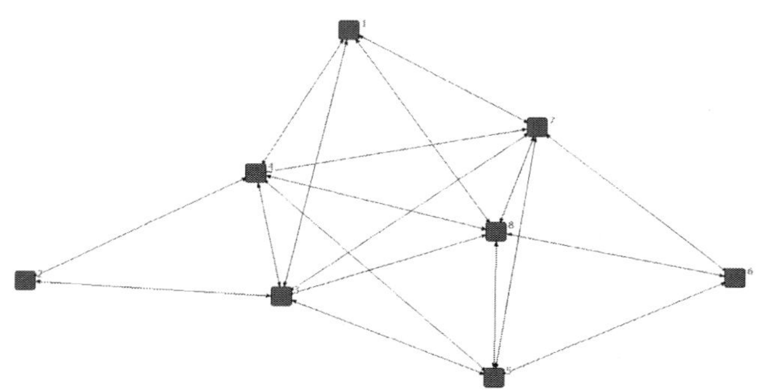

图 9–6　区域创新子群联系网络

由图 9–5 和图 9–6 可知，贵州和重庆在技术创新环境方面具有较强的相似性，构成了一个创新子群体，同时在整个技术创新网络中起着连接西南地区与东部地区的桥梁作用；浙江和山东在技术创新环境方面构成一个子群体，但其并没有产生较强的溢出效应，在整个技术创新网络中处于边缘地带；其他各个创新子群体相互之间都有一定的资源交流，尤其是不同区域之间构成了创新联盟，联盟中的成员进行了积极的交流互助，打破了传统地理限制，实现了区域优势互补。

区域技术创新环境整体网络巨大，存在多个核心且整个网络高度类聚，具有小世界的网络特征。同时，优化后的区域技术创新环境网络更加有利于创新资源的流转互补，进而会削弱地理距离对创新资源流动的限制，呈现出复杂网络的特性且形成了不同族群，这些族群会进一步促进创新资源的流动。

综上所述可知：① 经 *E-I* 指数检验，区域技术创新环境网络划分为 8 个子群较为合理。同时，子群内部派系林立程度小，子群中行动者（省份）之间具有较强的关系。② 地理距离位置较近的省份基本成一子群，说明技术创新环境的相似性受地理距离的影响；同时，不同子群间紧密联系，区域之间交流频繁，说明技术创新资源的扩散在一定程度上打破了传统的地理限制，区域技术创新环境相似性进一步提高。

三、区域技术创新环境网络扩散路径以及跨区域技术创新环境三大“活跃圈”

从上述区域技术创新环境网络图可知，区域技术创新环境存在差距。同时，区域技术创新环境差距决定了区域技术创新供需对象的选择，进而决定了技术创新环境网络的扩散路径。从我国区域技术创新环境的空间分布可知，区域技术创新环境的有效扩散路径不能完全克服地理距离限制。本节以区域及周边邻近区域的技术创新环境水平为横、纵坐标，通过区域技术创新环境强弱的空间特征，阐明区域技术创新环境扩散的实现路径，如图 9–7 所示。

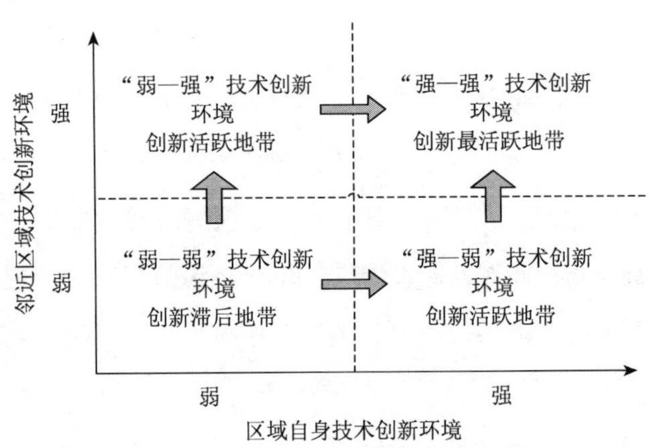

图 9–7　区域间技术创新环境扩散的实现路径

由图 9–7 可知，区域自身技术创新环境较弱，同时又没有较强的外部效应，这些区域构成了整个创新网络的技术创新滞后地带，区域内技术创新资源不均衡，又无法从外部进行交换，阻碍了区域技术创新发展。在这种情况下，地理距离对技术创新扩散有较强的约束。我国西北地区就是这种情况的代表，尤其以西安和甘肃为核心。从网络图可见，西安和甘肃并没有充分发挥其技术创新环境的中介作用，使得西北地区技术创新环境整体滞后。

虽然区域自身技术创新实力有所提升，但邻近区域的技术创新实力仍然较弱，无法对本区域形成外部效应，那么这些区域就构成了“强—弱”技术创新环境。这时，区域就必须克服地理距离的约束，与非邻近区域产生创新资源的交流，我国的北京、广东、上海以及江浙地区则属于这类区域，这些发达区域没有产生较强的创新溢出效应，周边区域无法享受到外部创新福利，这些区域属于此类创新环境活跃地带。

区域自身技术创新环境较弱，但是周边区域产生较强的创新溢出效应，自身区域得到较多的外部福利，那么这些区域构成了技术创新网络的创新活跃地带。这时区域会充分利用地理距离的便利，从邻近区域获得创新扶持。此时地理邻近为区域间创新扩散提供了较多帮助，使得自身区域的创新环境得到更好的改善。我国北京周边的河北、山西等省，广东周边的江西、福建等省均属此类创新环境活跃地带。

如果区域以及邻近区域的技术创新实力均得到较大提升，区域自身产生较强的创新溢出效应，同时区域又得到较多的外部福利，那么这些区域将构成技术创新网络最活跃地带，即构成“强—强”技术创新环境。我国北京、天津之间的创新联盟，长三角地区的江苏、广东、上海等区域构成的创新子群体应逐步带动创新网络区域协同发展，使创新环境一体化。

第三节 对策建议

区域技术创新环境是区域经济保持持续竞争和发展所必需的物质文化和社会环境。作为创新的孵化器，区域技术创新的产生、发展都必须在一定的环境中流动和转换。良好的区域技术创新环境可以更好地促进区域经济发展，客观评价区域技术创新环境的优劣，对区域技术创新系统改进优化、改善发展提供差异性的政策建议有一定的指导作用。正是基于这种紧密关系，近年来，在大众创业、万众创新的浪潮中，国内外很多学者对此问题进行了研究。而当前的区域技术创新环境能否有利促进区域技术创新的发展，并且以此促进经济发展，本节对此问题进行了研究。本书基于社会网络视角构建区域技术创新网络，从网络结构维度以及关系维度创建衡量准则，评价区域技术创新环境优劣，考察区域技术创新环境差异，揭示区域技术创新环境引起的区域经济空间布局，深挖区域技术创新环境在创新发展中的重要性；同时，根据相关指标的数据收集，在理论分析基础上进行实证检验，得出结论，并从网络视角给出提升区域技术创新发展的相关政策建议，进而弥补现有研究在此方面的不足。为进一步提升区域技术创新发展，缩小区域经济差距，根据已有研究结果，提出以下政策建议。

第一，积极加强区域间联系强度，充分发挥第三方桥梁作用。

各地方政府尤其是中西部地区应该加强联系，定期召开创新交流大会，组织产品博览会，积极为地方企业搭建合作交流平台，使区域自身技术创新资源实现优势互补。同时，各地方政府要加大对第三方的扶持，合理利用产业、行业、企业的技术咨询服务机构，运用它们的桥梁作用，加大区域间的技术创新交流。

第二，增强区域间开放性，实现区域技术创新网络的开放化。

我国区域技术创新网络没有产生较强的溢出效应，同时也没有获得较多的外部效应。因此，地方政府在提升本区域技术创新环境的同时也要积极开展跨区域技术创新交流，积极为地方企业搭建国际平台，积极制定各项促进技术创新交流的相关政策，实现技术创新资源跨区域和国际范围内的流动。

第三，加强发达区域的技术创新交流，加大发达区域经济的增长极辐射。

目前，一些经济发达的区域技术创新水平远高于其他区域，但扩散能力不强，大都市经济圈的建立依然存在阻碍。因此，北京、上海、广东等发达区域应充分发挥其自然、人文以及经济优势，建立和扩大中心城市群向周边城市的扩展，大力促进技术创新网络中各种资源的频繁流动，加强其创新溢出效应。

第十章　区域承接产业转移对区域技术创新网络影响分析

全面、深入地认识区域产业转移给我国经济发展带来的影响，对我国区域技术创新具有重要意义。事实上，由东部发达地区向中西部欠发达地区的国内产业转移在我国区域技术创新发展中也起着重要的推动作用，并且将会扮演越来越重要的角色。本章主要借助区域承接产业转移对区域技术创新的发展作用，通过产业空间关联网络，利用金融发展、资源禀赋两张网络图对比分析区域承接产业转移创新网络的影响。

第一节　区域承接产业转移对区域技术创新网络的影响机理分析

产业的区际转移与承接已成为区域均衡发展的一种有效手段。产业转移受多种因素影响，其中，生产要素流动是区际产业转移的推动器。这些生产要素上下游间相互依存制约的供求关系、竞争与合作关系促使了产业网络的形成，而产业网络是区域技术创新网络的子网络，驱动着区域技术创新网络的发展，同时，产业转移也打破了地理界线，实现了不同区域间科学技术等资源的优化配置[155]，进一步促进了区域技术创新网络的发展。产业空间网络不是产业网络与空间网络的简单相加，而是区域产业结构与空间结构相互作用、共同作用于区域承接产业转移的复杂网络，以此完善区域技术创新网络。

一、区域承接产业转移的影响因素分析

1. 资源禀赋对区域承接产业转移的影响

产业转移是区域产业结构调整的结果，而承接产业转移更多地强调利用经济规律，促进产业发展的主动性[156]。豪斯曼（Hausmann）等[157]指出，在分析一个国家或区域产业升级的路径时，应有效利用国家或区域的比较优势。而一般古典经济理论认为，自然资源丰富的区域具有发展的比较优势。那么，事实上，资源禀赋对区域承接产业转移呈现“资源诅咒”还是“资源祝福”呢？本章节将在网络平台作用下，对这一影响机制进行研究。

2. 金融发展对区域承接产业转移的影响

在区域承接产业转移过程中，资金的流动和投资又是实现产业转移目标和提升产业转移绩效的关键。现代经济中，产业转移和金融支持是互动的，任何产业的发展壮大都离不开金融支持。产业转移的实质是资本要素在不同区域间的流动和优化配置。金融作为一种有效的资本融通工具，在促进产业转移中具有不可替代的作用。区域金融发展对于区域承接产业转移也起着重要作用。

诚然，区域承接产业转移受多种因素的影响，然而，在区域资源禀赋和区域金融发展水平影响下，区域承接产业转移对区域技术创新网络的影响作用机制如何？本章就此问题通过产业空间网络调节变量展开研究。事实上，产业空间网络不仅是区域间产业流动的渠道，更是提升区域发展的内在动力，通过资源的合理配置、金融发展的支持来优化区域间产业转移路径，从而合理安排区域承接产业转移流向，使得区域产业转移网络更加通畅与稳定，为我国区域承接产业转移提供可靠有效的理论依据。

二、区域承接产业转移形成的产业空间网络分析

如何缩小区域经济差距一直是我国政府和学术界关注的热点问题，而产业转移作为缩小区域经济差距的重要途径已得到相关证实。目前，国内学者对于区域产业转移的研究主要集中于产业转移的影响因素、模式分析、配套能力、关联效应等方面，而从网络视角研究区域产业转移较少。近年来，随着区域产业的紧密联系和空间规模的不断拓展使得产业转移呈现出节点化、拓扑化和网络化的特征，因此，从网络视角探索不同影响因素下产业空间网络的拓扑空间性质与形态结构特征具有重要的意义。

1. 区域承接产业转移形成的产业网络分析

目前，产业网络已成为提高产业竞争力、促进区域经济发展的重要方式，同时也是加强区域间技术创新与产业交流的重要平台[158]。产业网络是一种介于市场与企业之间的资源配置方式[159]，其自身不能游离于劳动力、资本、技术等生产要素之外单独发挥作用，而是提供了生产要素流动的制约架构[160]，具有复杂性的特

点[161]。已有相关研究主要讨论当前的产业网络是否与网络结构的基本属性相吻合，其中，吕康娟、付旻杰[162]验证了产业网络的小世界效应；张许杰、刘刚[163]通过对英国产业结构的实证研究，证明了该产业网络具备小世界网络结构的基本特征；王茂军和杨雪春[164]则通过对四川省 67 个部门所构成的产业网络进行实证研究，同样得到该产业网络具有复杂网络结构的小世界效应以及无标度性。反过来，各产业部门的发展均不同程度地嵌入产业网络中，那么，产业网络的基本属性是否满足产业发展的要求？根据经典理论，区域间产业要素不均衡是产业转移发生的基本条件，而产业要素流动不是随意的，只有在一体化市场中才能自由流动，最终在空间层面实现均衡发展。由于我国区域间市场一体化程度较低，导致不同区域的经济发展模式有较大差别，同时金融发展的不均衡使得区域间产业发展不平衡加剧[165]。那么，在资源禀赋、金融发展因素影响下，产业网络如何影响产业的发展？

2. 区域承接产业转移形成的空间网络分析

产业转移的实质是产业要素在一定的空间维度重新分配的结果，具备一定的空间网络特征。而关于空间网络的研究，最早可以追溯到弗里德曼的《区域发展政策》[166]，空间网络是由节点、关系边和流动物这些基本要素组成的，指空间单元及它们之间关系的集合。其中，节点指空间单元，边是各空间单元之间的连线，流动物是资源交换或活动传递，可以是知识、信息交流、空间合作、空间相互作用等虚体形式[167]。目前，已有许多学者对产业网络的空间分布特征进行了研究，例如：黄斌[168]通过梳理北京市文化创意产业发展的内外部条件，论证了在此影响下的产业发展特征和空间分布特征；相雪梅和赵炳新[169]则根据复杂网络理论中的核结构，着重研究了网络中的核心产业集群的空间分布；唐运舒和冯南平等[170]学者以泛长三角地区四省一市 28 个制造业为研究对象，实证分析了产业转移规模空间变量对不同发展时期的产业影响不同。同样，已有文献多是对产业转移的空间布局、空间特征进行定性或实证分析，较少从网络视角进行研究，而由于生产要素的流动和产业互动，产业转移在空间上形成复杂的网状结构。因此，分析产业转移的空间网络特征，特别是不同影响因素下产业转移的空间网络特征也具有重要意义。

三、区域承接产业转移对区域技术创新网络的影响作用

作为一种重要的经济活动，产业转移深刻地影响和改变着世界经济和区域经济的格局。“第二次世界大战”以来，世界范围内共经历三次大的产业转移浪潮，每一次产业转移都推动了一批国家和地区的迅速崛起。日本在承接欧美等传统发达国家的产业后，从战后的废墟上迅速崛起；亚洲“四小龙”地区在承接全球制造业之后，成为新兴工业化国家和地区；印度通过对发达国家产业转移的承接，成为“世界办公室”；中国沿海地区通过承接全球制造业，实现了飞速发展；近年来，我国内陆一些地区通过积极承接产业转移，也驶上了跨越式发展的快车道。目前，国际产业转移进入了一个新的时期，我国在这次产业转移中处于至关重要的地位，扮演着产业转入者和产业转出者的双重角色。我国是一个经济技术发展不平衡的大国，同时还是一个处于转型时期的国家，新一轮产业转移给我国促进区域协调发展、形成更加合理的区域产业分工格局提供了良好的契机。但是，我国要想在该轮产业结构调整中掌握主动权，必须通过各种途径将产业转移与自主创新能力建设紧密结合起来，才能形成国家和区域的核心竞争力,实现可持续发展。将产业转移与区域自主创新能力建设紧密结合起来，这既是一项重要的国家发展战略，又是一项亟待深入研究的重大理论课题。

根据产业转移基本理论，区域间产业要素不均衡是产业转移发生的基本条件，而产业要素流动不是随意的，只有在一体化市场中才能自由流动，最终在空间层面实现均衡发展。由于我国地理环境的多样性，造成了区域间资源分布的不均衡性，同时我国区域市场一体化程度较低，导致不同区域金融发展有较大差别，而金融发展的不均衡进一步加剧了区域间产业发展的不平衡。通过梳理已有研究，我们发现从网络视角研究不同影响因素下区域承接产业转移的产业空间网络特征，会对我国区域技术创新网络的稳定性与通畅性有重要作用，同时为我国区域均衡化发展提供数据支撑。鉴于此，本节从产业空间网络角度出发，利用社会网分析方法，以区域承接产业转移为主线，以金融发展、资源禀赋为中间变量，构建金融发展、资源禀赋下的产业转移空间网络，从网络结构特征确定资源禀赋、金融发展以及两者交叉影响对我国区域产业转移的驱动性，进而进行对比分析，确定我国产业转移路径及各区域产业转移的发展趋势，以期为区域产业转移提供新方向，为实现经济转型中资源的合理配置、产业转移的跨区域协调发展提供一定的理论支撑。

第二节　区域承接产业转移的产业空间网络理论模型构建

梳理已有研究，我们发现鲜有研究从网络视角探究不同影响因素下区域承接产业转移的产业空间网络特征。基于此，通过剖析网络客体的功能结构，可以更深入地诠释区域承接产业转移在区域创新活动中的内在价值。鉴于此，本节从产业空间网络角度出发，利用社会网分析方法，以区域承接产业转移为主线，以金融发展、资源禀赋为中间变量，构建金融发展、资源禀赋下的产业转移空间网络，从网络结构特征确定资源禀赋、金融发展以及两者交叉影响对我国区域产业转移的驱动性，进而进行对比分析，确定我国产业转移路径及各区域产业转移的发展趋势，以期为区域产业转移提供新方向，为实现经济转型中资源的合理配置、产业转移的跨区域协调发展提供一定的理论支撑。本节首次以金融发展、资源禀赋为中间变量，利用双网络法对比分析金融发展、资源禀赋对区域承接产业转移网络的影响，同时，通过构建 2– 模网确定我国区域产业转移的路径以及不同区域在转移路径下的发展方向与模式，弥补了已有研究单独以金融发展或资源禀赋论证我国产业转移发展态势的不足之处。理论模型如图 10–1 所示。

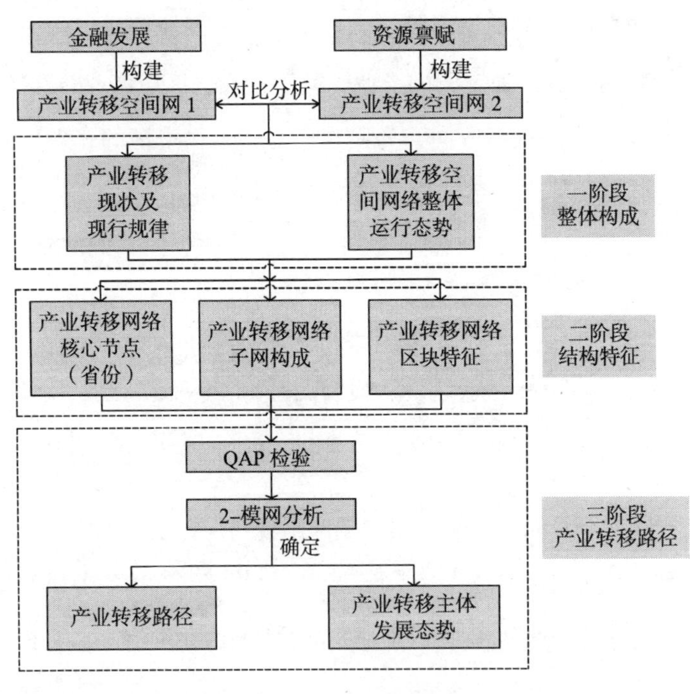

图 10–1　理论模型

第三节　区域承接产业转移的产业空间网络实证分析

一、产业空间网络指标体系构建

根据已有文献研究结果，能否有效融资对企业能否正常存活具有重要作用。在中国，银行信贷一直在金融市场中发挥重要的融资渠道作用，我国金融市场是一个以间接金融为主的金融体系，银行信贷额是全国性银行根据项目融资需求在全国进行相应的信贷的配置，是广大企业的主要资金来源。现阶段区域金融也主要通过以银行为主的信贷体系来影响实体经济，进而影响产业转移的发生。因此本章选取金融机构存贷款余额与地区生产总值的比值作为衡量金融发展水平的指标[171]。

此外，关于资源禀赋的影响因素，有些文献采用煤炭和石油的需求缺口和产量[114]或煤炭基础储量[115]来考察各地区的资源禀赋。但区域资源禀赋条件并非只有能源，还包括自然资源和社会资源，因此本节参考文献[116]，通过熵值法计算资源禀赋系数确定为资源禀赋影响因素的度量指标，具体见表 10–1。

基于数据的可获得性和统计口径的差异性，结合全国所有承接产业转移的重点区域，选取我国 2015 年 31 个省（自治区、直辖市）的省际截面数据作为研究样本。本节原始数据主要来源于《中国统计年鉴 2016》《中国高技术产业统计年鉴》《中国金融年鉴》《中国劳动统计年鉴》《中国城市统计年鉴 2016》。

表 10–1　区域承接产业转移网络评价指标

网络	指标	一级指标	二级指标
金融发展下区域承接产业转移的产业空间网络	金融发展水平	金融活动总量	金融机构存贷款余额
		国民财富市场总值	地区生产总值
资源禀赋下区域承接产业转移的产业空间网络	资源禀赋系数	自然资源	煤炭储量
		劳动力数量	各地区年底就业人数
		资本存量	固定资本形成总额
		人力资本存量	各种教育程度毕业人数比重
		市场化程度	市场化指数
		对外开放程度	外商投资企业进出口总额

注：本表中关于资源禀赋系数与表 7–2 计算方法相同，但为了研究内容的完整性，此处将再次赘述。

二、金融发展、资源禀赋影响下区域承接产业转移的产业空间网络比较研究

本节以产业转移为主线，以金融发展、资源禀赋为中间变量，运用 Ucinet 软件，就其网络规模、网络密度、节点距离、区块构成、层次分析等参数，对资源禀赋、金融发展因素影响下区域承接产业转移的产业空间网络进行比较分析，以此揭示我国产业空间网络的结构特征。

1. 整体网络拓扑特征对比分析

借助 Ucinet 软件，根据构建的指标及数据的获取，用网络密度、网络紧密度、凝聚力指数、节点距离等指标度量网络的整体概况，进行比较分析，见表 10–2。

表 10–2 两网络整体性指标对比

网络主体	网络规模	网络密度	节点平均距离	凝聚力指数	网络紧密度（%）	网络异质性（%）
金融发展影响下的网络	31	0.6897	1.212	0.779	22.17	3.70
资源禀赋影响下的网络	31	0.7908	1.216	0.894	18.72	3.58

由表 10–2 可以看出，两张网络的指标均相差不大，两张网络的密度分别是 0.6897 和 0.7908，网络密度均较高，即金融发展、资源禀赋影响因素对网络均产生了积极的影响。而从节点平均距离来看，金融发展影响下的网络节点之间的平均距离更小，说明金融发展对区域承接产业转移来说，节点之间信息更容易流动，但两值相差不大，均为 1.2 左右，进一步说明两张网络中的省份节点平均通过 1 个节点的距离就能在彼此之间进行信息交流，即我国 31 个省（自治区、直辖市）基本实现全覆盖实时信息交流。

同时，为了更直观地进行对比分析，采用 Ucinet 软件绘制出两张网络的空间拓扑图，如图 10–2 所示。

图 10–2 全面、直观地展示了不同中间变量下区域承接产业转移的拓扑网络。第一张图为金融发展影响下的产业空间网络，可以看出，除北京、上海以外，其他省市联系均匀且紧密，同时，北京、上海的经济水平远超其他区域，故处于网络的边缘地带；第二张图为资源禀赋影响下的产业空间网络，可以看出我国 30 个省（自治区、直辖市）基本被分割成两部分，江苏、广东、山东以及河南被整个网络分割出去，处于边缘地带，但是整个网络仍然紧密联系在一起。总体来讲，网络的核心区域关系数量最多，边缘省份的关系数量较少，整个网络紧密联系在一起。资源禀赋影响下的产业空间网络，除山东、广东、江苏等

少数节点以外，网络的整体联系较金融发展影响下的网络更为紧密，产业转移路径更为便捷。

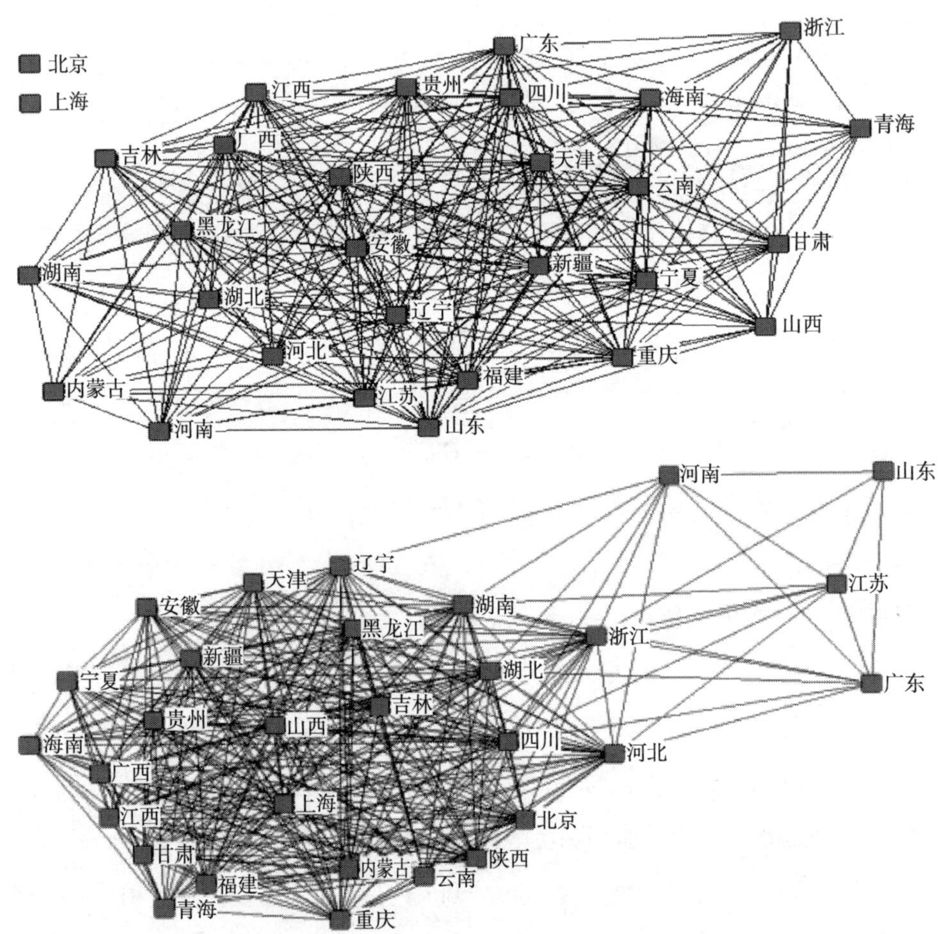

图 10–2　金融发展、资源禀赋影响下的区域承接产业转移的产业空间网络

进一步，采用描述统计分析解析产业空间网络拓扑结构，见表 10–3。

表 10–3　两张网络描述统计性分析比较

	金融发展影响下的区域承接产业转移网络			资源禀赋影响下的区域承接产业转移网络		
	Degree	**NrmDegree**	**Share**	**Degree**	**NrmDegree**	**Share**
Mean	20.000	68.966	0.033	22.933	79.080	0.033
Std Dev	6.673	23.011	0.011	6.287	21.680	0.009
Sum	600.000	2068.966	1.000	688.000	2372.414	1.000
Variance	44.533	529.528	0.000	39.529	470.022	0.000
SSQ	13336.000	158573.125	0.037	16964.000	201712.250	0.036
MCSSQ	1336.000	15885.850	0.004	1185.867	14100.674	0.003
Euc Norm	115.482	398.212	0.192	130.246	449.124	0.189
Minimum	0.000	0.000	0.000	4.000	13.793	0.006
Maximum	26.000	89.655	0.043	28.000	96.552	0.041

由表 10–3 可以看出：资源禀赋影响下产业转移网络节点的中心度较金融发展影响下产业转移网络的均值大且方差小，说明资源禀赋对区域承接产业转移网络影响更为突出，更能反映出各省（自治区、直辖市）在承接产业转移网络中的流向；结合所有参数描述统计结果来看，两网络各描述统计量总体相差不大，且均能准确反映我国区域承接产业转移情况。

2. 网络中心性和影响力对比分析

“中心性”是社会网络分析研究的重点之一。中心性测量了网络主体与其他主体之间沟通的桥梁程度，对网络整体性分析具有重要作用。在网络中，网络主体的中心性越高，说明该主体所拥有的资源优势越大，对其他主体的影响力也就越强。本节对两张网络的中心性进行比较分析，如图 10–3 所示。

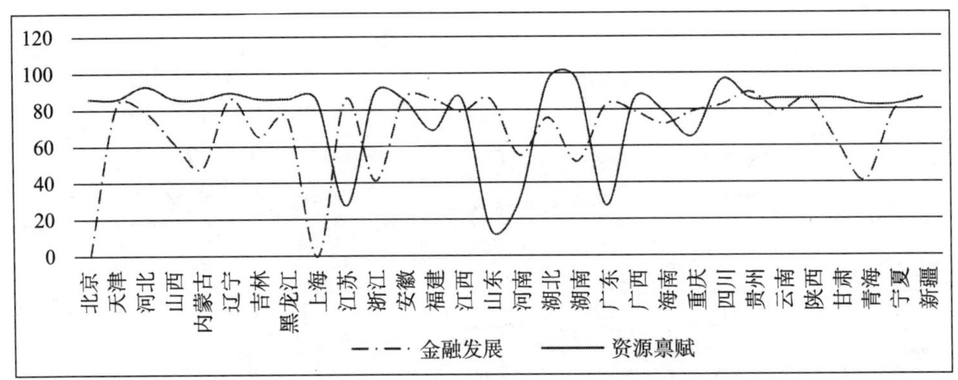

图 10–3　两张网络中心性比较

从图 10–3 可以看出，资源禀赋影响下的产业空间网络中心性整体水平较金融发展影响下的产业空间网络高。两张网络图中个别省份的中心度差异较大，例如：北京和上海在资源禀赋影响下的网络中的中心度较高，而在金融发展影响下的网络中则表现得很低迷，说明在资源禀赋影响下的网络图中，北京和上海对其他区域起到了重要的中介作用，是联系其他区域的重要桥梁；但在金融发展影响的网络图中却没有起到很好的传递作用。而浙江、江苏等区域则与之相反，在该影响因素的网络图中为其他区域的产业转移起着不可替代的作用。进一步，从图 10–3 可以看出两张网络的波形相似，说明我国大多数省份在两个网络中的网络位置、扮演角色没有太大变化。

3. 网络层次结构与微观形态对比分析

区域承接产业转移网络是一种具有层次结构的复杂网络，而层次结构正是这些网络存在高聚类系数、无标度拓扑性质的根本原因 [172]。实际上，每个省份由于资源禀赋、金融发展状况不同，在区域承接产业转移中所起的作用也不相同。

在这种情况下，需深入研究每个主体在整体网络中的重要程度，这样可以为区域进行产业转移提供参考。鉴于此，本章以 K-core 为参数对网络进行核心节点的层次划分，再以聚类系数、平均密度为变量对网络子层进行核心层次的融合，这个过程可以更好地了解产业空间网络的层次结构，进而展现网络的微观形态，同时揭示产业转移的路径分化、交叉衍生的形式。

为了更清晰地认识网络，本节分别用金融发展以及资源禀赋因素影响下的区域承接产业转移网络的 Gower 度量布局来进行层次结构与微观形态的探讨。通过对网络的分层了解，以便从微观上了解网络的性质，如图 10–4 所示。

由图 10–4 对比分析，可以看出资源禀赋影响下构建的网络层次结构明显，产业转移路径的分化、交叉和衍生更加明显，而且所形成的子网稳定，随着网络规模的增长，网络节点 K-core 值的变化不会像节点度一样剧烈变化，而是会逐渐趋于稳定。同时，从下图可以看出，资源禀赋影响下的区域承接产业转移网络的 Gower 度量布局拓扑图是由少量的核心节点构成稳定的子网络，可以看出，相较于上图，该网络的紧密度（刻画网络中节点间达到的难易程度，反映节点通过网络对其他节点施加影响的能力）更好，节点之间更容易施加影响力。

进一步，由图 10–4 分析可知：①金融发展影响的区域承接产业转移网络中河南、湖南、宁夏以及四川等中西部地区其节点联系紧密，相较于东部地区，其所构成的网络更加密集，说明在中西部地区更应注重金融发展对产业转移的影响，促进发达地区的高新产业向中西部的流动；②资源禀赋影响的区域承接产业转移网络中，广东、山东、浙江以及河北等中东部地区的网络节点联系紧密，相较西部地区，其所构成的网络更加密集，说明这些地区更应注重资源禀赋对产业转移的影响。事实上，目前东部地区的资源承载能力、生态环境容量已趋于饱和，产业转移应注重采取合理措施，促进中西部地区的充沛资源合理流向东部。

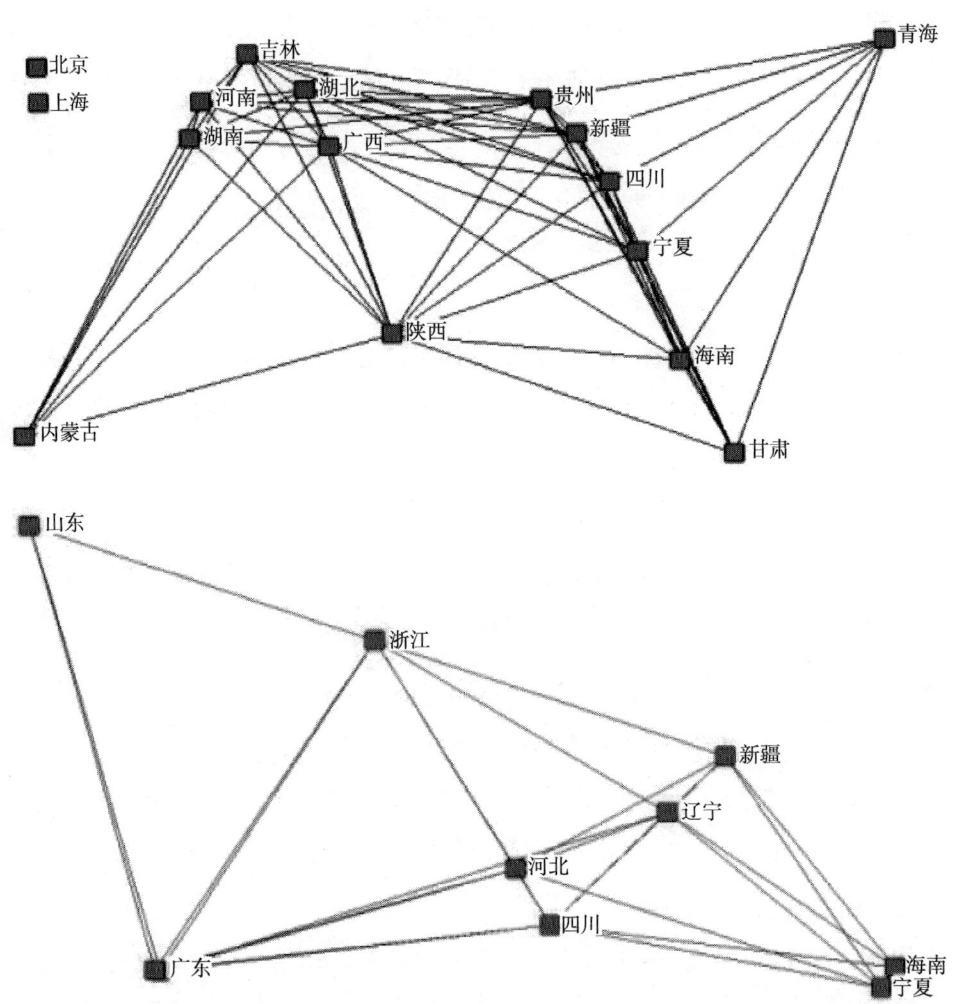

图 10–4　金融发展、资源禀赋影响下的区域承接产业转移网络的 Gower 度量布局及分布

4. 网络结构特征以及块模型的对比分析

本章采用 CONCOR 以及层次聚类法分别对金融发展、资源禀赋影响下的网络进行分块，如图 10–5 所示。

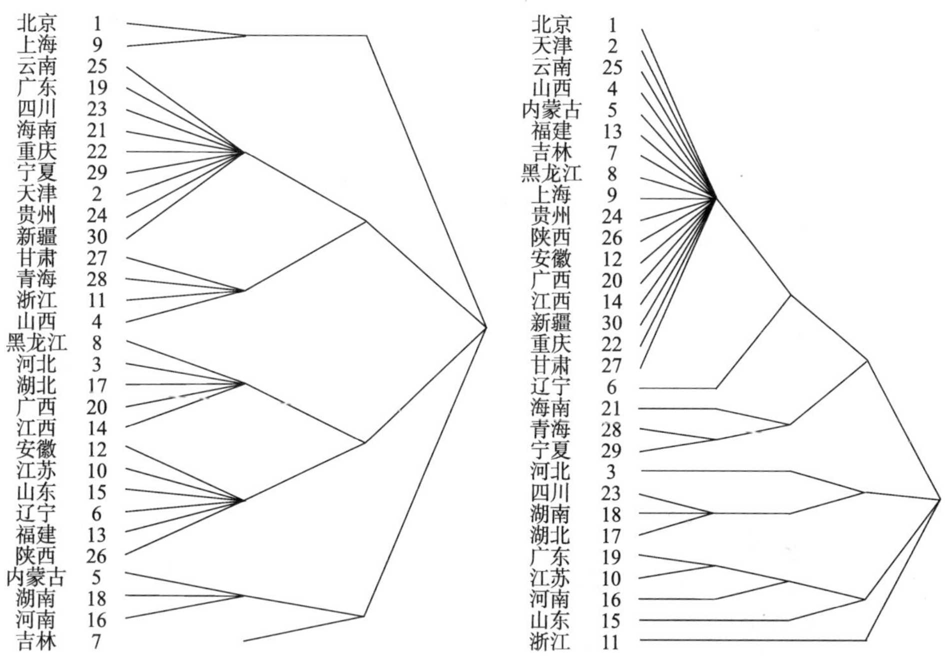

图 10–5 金融发展、资源禀赋影响下的区域承接产业转移网络分块结果

从图 10–5 可以看出，金融发展影响构建的网络被分为 7 块，而资源禀赋影响构建的网络被分为 10 块，同时，资源禀赋构建的网络其子群划分有的过于分散，有的过于集中，其中 17 个省（自治区、直辖市）被划分为一个子群，而辽宁、海南、河北、河南、山东、浙江等均被单独划为一个子群，区块分布较为分散，而金融发展影响构建的网络，其子群较为凝聚集中，区块分布按照地理因素及金融发展水平合理配置资源。

同时，为了检验上述子群的划分是否合理，本节利用 *E-I* 分派指数来检验子群划分的合理性，如图 10–6、图 10–7 所示。

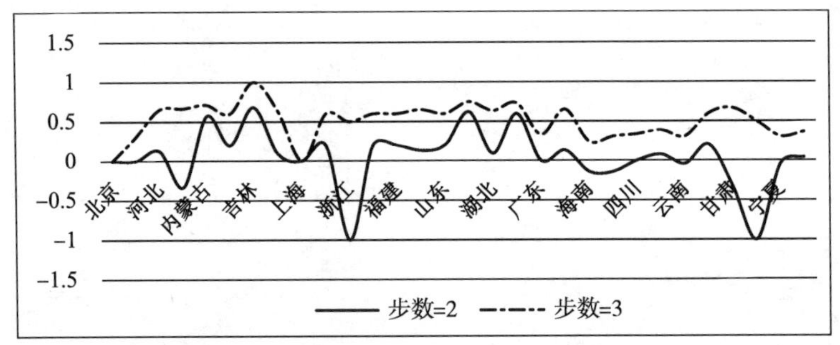

图 10–6　金融发展影响下的区域承接产业转移网络不同分裂步数 *E-I* 值比较

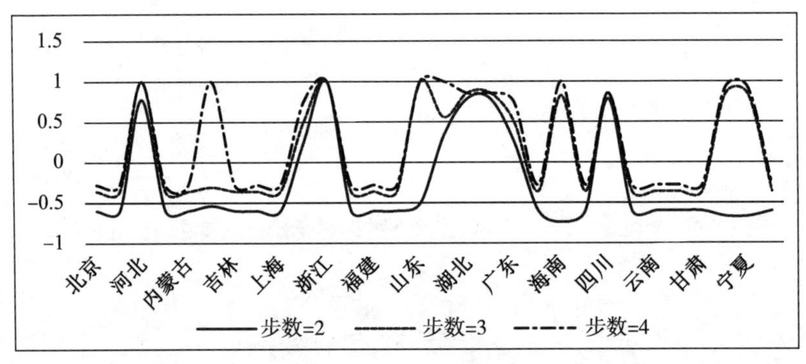

图 10–7　资源禀赋影响下的区域承接产业转移网络不同分裂步数 *E-I* 值比较

根据图 10–6，可以看出金融发展影响下三步分裂 7 子群比两步分裂 4 子群

的 *E-I* 值高，即上述 7 子群划分内部派系林立程度小，子群划分更合理。

同理，由图 10–7 可以看出，资源禀赋影响下四步分裂 10 子群 *E-I* 值最接近 1，其子群内部派系林立程度最小，故本节采用四步分裂 10 子群划分更能有效地对网络进行分块。

根据图 10–6、图 10–7 分析结果，可将两张网络图在合理分块下对其 *E-I* 值进行比较分析，如图 10–8 所示。

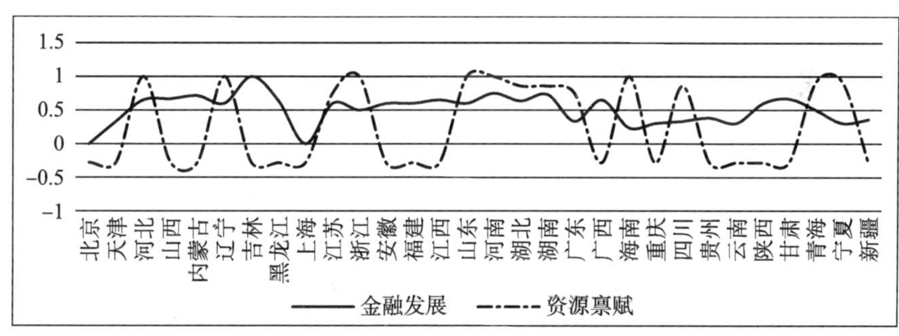

图 10–8　两张网络 *E-I* 指数比较

从图 10–8 可以看出，金融发展影响构建的网络子群划分更为合理，子群内派系林立程度较小、较稳定，没有较大的波动。这进一步验证了金融发展影响下构建的网络子群比资源禀赋影响下构建的网络子群划分更为合理。

综上研究可以得出，两张网络各区块包含的成员以及区块之间的关系有较大的不同。金融发展影响下构建的网络区块密度均匀，内部成员（各省自治区、直辖市）联系较为紧密。同时两张网络的块模型 *R* 方值分别为 0.863、1.000，说明资源禀赋影响构建的网络区块特征强于金融发展影响构建的网络。这进一步说明，资源禀赋影响构建的网络子群分布有的过于分散，有的过于集中，个体行动者的发展不平衡，而金融发展影响构建的网络结构相似节点较高，个体行动者的发展较平衡。

综上，通过对比分析，可以得出金融发展、资源禀赋影响下的我国区域产业空间网络结构特征，见表 10–4 所示。

表 10–4　两网络空间结构对比分析

		金融发展影响下的产业空间网络	资源禀赋影响下的产业空间网络
宏观分析	网络指标	网络指标相近，我国 30 个省（自治区、直辖市）基本实现全覆盖实时信息交流	
	空间分布	除北京、上海外，结构整体联系均匀且紧密	结构整体被分为两部分，江苏、广东、山东以及河南被分割出去成为整个网络边缘地带
	统计分析	网络的均值小且方差大，其他指标相差不大	网络的均值大且方差小，其他指标相差不大
	中心性	中心性整体水平较低，波形震荡幅度大	中心性整体水平较高，波形稳定，网络成员（省份）所拥有的资源优势大，对网络其他成员的影响力较强，影响范围广
微观分析	层次性	层次结构不明显，形成子网不稳定	层次结构明显，形成子网稳定，区域之间更容易施加影响力
	区块分析	区块密度均匀，内部成员（各省份）联系紧密，个体行动者的发展平衡	区块密度不均匀，个体行动者的发展分散

三、金融发展、资源禀赋影响下区域承接产业转移的产业空间网络相关作用分析

上述内容主要对两张网络的结构特征进行了对比分析，明确了我国不同省（自治区、直辖市）产业转移发展路径的多样化，而本节旨在分析在两张网络下我国区域承接产业转移的合理路径以及资源流向，故首先需验

证网络之间是否存在关系。本节运用关系—关系层次假设检验中的 QAP 检验。QAP 检验是针对两张网络中各元素的相似性进行比较的方法检验结果，见表 10–5。

表 10–5　两网络 QAP 相关性检验结果

数据矩阵	金融发展水平转移矩阵				资源禀赋转移矩阵			
两矩阵 QAP 结果	Obs Value	Sig	Average	S. D	Min	Max	Prop≥0	Prop ≤ 0
相关系数	0.542	0.000	0.000	0.088	–0.227	0.390	0.000	1.000

QAP 相关性	金融发展水平	资源禀赋
金融发展水平转移矩阵	1.000	0.542
资源禀赋转移矩阵	0.542	1.000

由表 10–5 可知，两张网络的相关系数为 0.542，显著性为 0。这一方面说明两张网络之间是正相关的，且其相关性在统计意义上是显著的；另一方面说明两张网络可以相互促进，资源禀赋影响强的产业转移区域金融发展影响也强，反之亦然。

四、金融发展、资源禀赋影响下区域承接产业转移网络的 2– 模网分析

为了加强统筹规划，优化产业布局，增强重点地区产业转移核心辐射能力，本节进一步重点给出金融发展及资源禀赋影响的区域承接产业转移 2– 模网，从而确定不同区域间承接产业转移的合理流向，如图 10–9 所示。

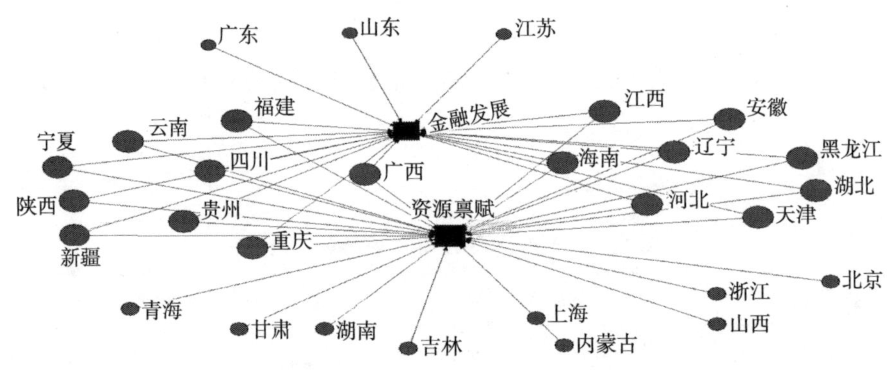

图 10–9　2– 模网空间拓扑图

由图 10–9 可知：① 广东、山东以及江苏等发达区域要加强资源禀赋的合理布局，将资源承载能力、生态环境容量作为承接产业转移的重要依据，加强资源节约和环境保护，推动经济、资源与环境相协调；② 青海、甘肃、吉林、内蒙古等欠发达地区要引导和支持产业有序转移和科学承接，强化金融发展对产业转移的影响，在人才、金融、投资、土地等方面给予必要的政策支持，同时依托中西部地区丰富的劳动力以及资源等优势，加快产业结构调整，培育新的产业发展优势，构建现代产业体系。

五、研究结论

区域承接产业转移是区域产业优化布局的有效途径，也是促进产业优化升级的必经之路。本章分别构建金融发展以及资源禀赋影响下的区域承接产业转移网络，并从多个角度对两张网络进行比较分析，得出以下结论。

第一，金融发展与资源禀赋对产业空间网络均产生了积极影响。同时我国基本实现了全网络覆盖实时信息交流，但资源禀赋下的产业空间网络除少数省市外，其余网络成员（省份）联系较为紧密，交流较为便捷，而且资源禀赋影响下的产业空间网络形成的子网更加稳定，产业资源配置更加合理，产业转移路径更加快捷。

第二，金融发展与资源禀赋影响的两张网络正相关，即两张网络可以相互促进。资源禀赋影响强的产业转移区域，金融发展对其影响也强；金融发展影响强的产业转移，区域资源禀赋对其影响也强。这进一步说明了两个关键因素交叉影响在产业发展中的作用。

第三，金融发展与资源禀赋中介变量具有二元性，其均为我国产业转移的关键因素。通过 2– 模网分析了金融发展与资源禀赋构成的网络二元性，以此确定出金融发展与资源禀赋通过制度化的安排限制并形塑着个体（省、自治区、直辖市）的行为路径，如对广东、山东、江苏等发达区域的资源优化调配，对青海、甘肃、吉林、内蒙古等欠发达地区的经济发展水平具有提升作用。

第四节　对策建议

利用社会网分析法，对基于金融发展、资源禀赋因素影响下的区域承接产业转移的产业空间网络进行对比分析，结果显示：金融发展、资源禀赋两种因素对产业空间网络均产生了正向作用；我国各区域基本实现了产业空间网络的全网络覆盖实时信息交流；进一步，经过 QAP 检验得出两张网络正相关；最后，通过构建 2– 模网确定了影响我国区域承接产业转移的核心成员（省份）及我国产业转移的合理路径，反映到政策上即发达区域资源禀赋的合理布局以及欠发达区域金融发展的大力支持是目前构建现代化产业体系的关键。依据本节的理论及实证研究为我国区域承接产业网络提出政府建议，将对我国区域技术创新网络的结构特征进行细节描述。

首先，根据不同区域承接产业转移主体对资源禀赋、金融发展的不同要求，有针对性地制定适合不同区域的发展政策，发挥经济水平较高或资源禀赋较优的省市中介作用，如北京、上海等发达区域的经济扩散效应，甘肃、内蒙古等欠发达地区的资源辐射效应，增强区域间承接产业转移关系强度，实现产业转移由点到面辐射，以开拓合作共赢的区域经济发展新局面。

其次，对中西部省（自治区、直辖市）的发展应给予更多的政策关注与政策支持，以此发挥网络间的相互促进作用。借此通过网络的产业空间布局，合理安排产业转移方向，使全国产业转移网络联系更加紧凑，引导各地区有序承接产业转移，资源网络下的产业转移由中西部逐渐向东部扩散，金融网络下的产业转移则由东部向中西部辐射。

最后，根据不同区域承接产业转移发展优势，结合自身产业结构调整升级需要，通过引进技术的消化吸收和创新提高，充分发挥各地区特有的资源优势，如河南的人口优势、陕西的地理优势、北京的人才优势等，迎合国家大力支持产业转移的发展契机，缩短产业转移的自然演进过程，从而有的放矢地实施产业转移，促进区域产业调整与结构升级。

第四篇

区域技术创新空间效应分析——科技型人才聚集视角

自改革开放以来，东部沿海地区优先发展，以及西部开发、东部振兴、中部崛起等区域发展战略的相继实施，共同奠定了以东部、东北部、中部和西部四大地带之间非均衡发展的中国经济空间基本格局。然而，随着近年来区域创新日新月异的发展，我国将区域协调发展上升至战略层面，提出要打破行政区划界限，促进区域一体化建议，且区域政策体系呈现出逐步细化、差别化的特征，中国区域经济空间格局极有可能出现不同于以往任何历史阶段的重塑性改变。新时期如何谋划中国经济发展空间格局的进一步优化，对这一系列问题的深入解读，不仅具有重要的理论意义，而且具有重大的现实意义。

区域经济学理论指出，以“中心—通道—外围”为架构的经济空间的演变总是伴随着要素的集聚与扩散。内生增长理论认为，技术进步是经济增长的第一驱动力，而人力资本是驱动技术进步的核心要素之一[173]。人力资本影响区域创新能力的方式主要有两种：一是人力资本拥有的技术创新能力会直接促进区域创新能力增长；二是人力资本通过对国外研发成果的学习和模仿可提升区域创新能力[174]。

人才，尤其是科技型人才，是经济、社会发展最活跃的资源，同时也是区域综合竞争力的体现。科技型人才在区域经济发展不均衡、自身心理预期差异等因素影响下不断流动，在一定区域或产业内形成聚集现象。科技型人才聚集对经济活动空间格局的调整优化有着重要影响,因此,如何以人才作为发展引擎，提升区域科技人才的存量和聚集水平，增加科技人才的有效供给，充分发挥科技型人才聚集的优势，进而缩小区域差距，促进区域协调发展有着重要的研究意义。

第十一章　科技型人才聚集空间结构差异与核心区域研究

本章主要从科技型人才聚集视角测度区域技术创新的空间效应，在中心—外围理论的基础上，首先利用探索性空间数据分析测度科技型人才聚集的空间相关性，然后利用复杂网络确定科技型人才聚集的空间结构，为后续章节研究奠定基础。

第一节　科技型人才聚集概述

一、科技型人才聚集相关概念

1. 人才聚集现象

经济要素和相关活动在空间上并非均匀分布，总是呈现局部集中的特征。科技型人才是一种特殊的经济要素，在区域要素边际收益差异和自我价值实现等因素的引致和驱动下，会从边际收益较低的地区流向边际收益较高的地区。这种在物理空间或者逻辑空间上的集中会导致人才在某一空间中的密度高于其他空间，形成人才聚集现象[175]。

2. 科技型人才聚集现象

所谓科技型人才聚集现象，是指在一定时间内，随着科技人才的流动，大量同类型或相关人才按照一定的联系，在某一地区（物理空间）或者某一行业（虚拟空间）所形成的聚类现象[175]。

二、科技型人才聚集对区域技术创新发展的作用

科技型人才聚集现象是一种规模经济现象，是人口聚集到一定规模后的产物，有人才聚集现象必然要有人口聚集现象。同时，随着现代经济生活和城市化进程的加快，人口聚集现象越发突出，而人口聚集又带来了人才的聚集，科技型人才聚集现象是城市化（区域化）进程的基本特征。科技型人才聚集现象是科技型人才在流动过程中产生的，也是区域社会经济不平衡发展的产物。

人才，尤其是科技型人才，是经济、社会发展最活跃的资源，同时也是区域综合竞争力的体现。科技型人才在区域经济发展不均衡、自身心理预期差异等因素影响下不断流动，在一定区域或产业内形成聚集现象。人才聚集现象是一种规模效应，是人口聚集到一定程度的产物。从长期的规模效应来看，在人力资源领域，规模经济是指在一定区域内按照一定的内在联系以类聚集，在和谐的内外环境的作用下，产生超过各自独立作用的加总效应；规模不经济是指具有一定联系的科技型人才在某区域聚集过程中所产生的人才聚集作用低于各自

独立作用的效应[175]。而根据短期边际报酬递减规律来看，假若将人才聚集规模视为可变要素，将一个地区影响经济发展的其他要素视为不变要素，某一地区扩大人才聚集规模，当人才聚集规模小于最佳的特定值（或区间）时，扩大人才聚集度会带来经济边际效应的递增；当人才聚集规模超过最佳的特定值（或区间）时，扩大人才聚集度会带来经济边际效应的递减。早在1997年，Tidd指出在创新过程中，忽略系统中各要素间的相互关系将会影响到创新的最佳效益[176]，科技型人才作为一种特殊的经济要素，是人力资本中最为优秀的群体，是区域创新中最智能、最具能动性的核心要素，是技能应用和知识创新的重要载体[177]。科技型人才聚集是人才流动和区域经济要素不断调整、不断适应以及合理配置的过程，科技型人才聚集存在着经济活动空间格局的调整和优化。因此，如何以人才作为发展引擎，提升区域科技人才的存量和聚集水平，增加科技人才的有效供给，充分发挥科技型人才聚集的优势，进而缩小区域差距，促进区域协调发展有着重要的研究意义。

第二节　科技型人才聚集空间结构理论模型构建

人才，尤其是科技型人才是经济、社会发展的第一资源。随着区域间人力、资本、技术、信息等生产要素的快速流动，同时在区域经济发展状况以及区域资源异质等因素影响下，科技型人才流动会产生溢出效应，即从边际收益低的区域流向边际收益高的区域[178]，使得科技型人才在不同区域间的分布呈现非均衡性。此外，科技型人才聚集受多种因素的影响。徐茜和张体勤[179]指出，区域经济发展、自然生态环境、人口规模和人才政策的制定均会影响人才集聚。

根据我国国情，区域经济发展有明显差异，一方面科技型人才聚集同区域经济发展存在着较为明显的空间相关性，即经济发展水平较高的区域其人才集聚明显；另一方面，人才聚集也会促进区域间人才溢出效应的发生。正是由于人才的广泛流动使得科技型人才聚集具有一定的网络特征，而网络的层级结构也进一步决定了科技型人才分布的发展空间。在人才网络中其核心节点（城市）是整个网络的核心关系群，通过资源在核心与外围区域不断进行扩散、流通，促进区域资源合理配置，从而实现资源的优势互补，提升区域创新能力[180]。从这个角度讲，科技型人才聚集中心作为区域经济增长极，不仅会随着网络的构建、资源的流通、人才的集聚产生极化效应，而且会对周边区域产生溢出效应，影响其人才的集聚，提升区域人才辐射能力，带动区域经济发展。

一、科技型人才聚集程度测度

为衡量科技型人才在全国的聚集程度，借鉴兰芳等[181]的研究结果，本部分采用改进的区位熵系数来衡量科技型人才聚集指数（Talent Aggregation Index，TAI），如下：

$$TAI = \ln\left(1 + \frac{E_{il}/E_i}{E_{kl}/E_k}\right) \tag{11–1}$$

式中，E_{il} 代表区域 i 内高技术产业研发人员折合全时当量，E_i 代表区域 i 的行政面积，E_{kl} 代表全国高技术产业研发人员折合全时当量，E_k 代表全国行政面积。人才聚集指数 TAI 越大，说明该地区的科技型人才聚集程度越高。

二、科技型人才聚集空间结构机理分析

1. 科技型人才聚集空间相关性检验

“空间”这一要素在现实经济或社会结构中起着重要作用，因此，在实证检验之前，首先需要对经济实体进行空间相关性检验。空间相关性既包括空间正相关性，也包括空间负相关性。本书选择基于 Rook 方式的空间邻接方法构建空间权重矩阵，并采用 Moran 指数对指标进行空间相关性检验，以此说明科技型人才聚集的空间效应。

设 x_i 为区域 i 的观测值，即 i 区域的人才聚集指数，全局 Moran 指数的计算公式为：

$$I=\frac{\sum_{i=1}^{n}\sum_{j=1}^{n}W_{ij}\left(x_i-\bar{x}\right)\left(x_j-\bar{x}\right)}{S^2\sum_{i=1}^{n}\sum_{j=1}^{n}W_{ij}} \tag{11–2}$$

式中，$S^2=\frac{1}{n}\sum_{i=1}^{n}\left(x_i-\bar{x}\right)^2$，$\bar{x}=\frac{1}{n}\sum_{i=1}^{n}x_i$，$W_{ij}$ 表示区域 i 与区域 j 之间的空间关系，n 为省域个数。$I\in[-1,1]$，当 $I>0$ 时，表示存在正的空间相关性；反之，表示存在负的空间相关性。

然而，全局 Moran 指数只能分析整体集聚程度，不能度量具体区域的差异程度，无法解析哪个区域对全局自相关影响较大。若要检验区域内是否存在局部性的集聚，则需要对局部性指标进行相关分析。设 $I_i\ (i=1, 2, \cdots, n)$ 为局部 Moran 指数，表示为：

$$I_i=\frac{\left(x_i-\bar{x}\right)}{S^2}\sum_{j=1}^{n}W_{ij}\left(x_j-\bar{x}\right) \tag{11–3}$$

式中，各参数意义同式（11–2）表示。$I_i \in [-1,1]$，当 $I_i > 0$ 时，表示相似值（高值或低值）存在局部空间相关性；反之，表示非相似值（高值和低值或者低值和高值）存在局部空间相关性。

在软件中通常采取尾概率 p 的方法对其进行假设检验，当 $p < \alpha$ 时，表示拒绝原假设，说明该变量存在空间相关性；反之，接受原假设。

2. 科技型人才聚集空间网络构建

科技型人才在空间分布上存在集聚现象，具有复杂网络的分布特征[182]。层级间的人才要素流动会加深区域间的开放程度，然而，我国不同区域资源差异大，经济发展不均衡，从而导致科技型人才聚集存在较大的空间异质性。同时，受区域资源优势差异的影响，各个核心区的人才扩散效应不尽相同。在人才尤其是在科技型人才的推动下，核心区域的扩散能力越强，其区域内优越的各种资源向周围区域扩散的可能性就越大，拉动周边区域的发展效果越明显。因此，合理确定科技型人才聚集的核心区域也成为本章要关注的重点问题。

近年来，人才聚集区域分布逐渐呈现出节点化、网络化等方面的特征。随着拓扑分析技术的不断发展与完善，复杂网络理论成为研究社会网领域中各种复杂关系的指导理论与强劲工具。K-core 是整体网络分析中用来衡量网络核心节点的重要参数，可用于识别网络中联系较为紧密的子网络。如果一个子网络中的全部节点都至少与该子网络中的其他 K 个节点连接，则称这样的子网络为 K-core[34]。获取网络 K-core 的方法为：迭代剔除总网络中度数小于 K 的节点，得到的稳定子网即 K-core[183]。K-core 值不仅可用来揭示节点的核心程度，也可用来划分网络层次[184, 185]。本部分主要根据 K-core 值理论，结合 Gower 度量布局及分布来进行科技型人才聚集区域空间网络的多层次结构与微观形态的探讨。

第三节 科技型人才聚集空间结构实证分析

关于人才聚集效应的研究，国外尚未有明确概念，因此鲜有文献进行研究。而国内对此进行研究的文献较多，王锐兰与刘思峰[186]研究了经济发展与人才集聚的内在机制，认为人才聚集与区域经济持续发展的动态关系是构成区域经济持续稳定发展的孵化器。牛冲槐等[187]指出，人才聚集可能产生合理的经济效应和不经济效应。科技型人才是一种特殊的经济要素，对我国创新发展，提升经济水平具有重要作用。而科技型人才在不同区域间的扩散与聚集将会影响区域经济的发展，从这个角度讲，研究科技型人才聚集的空间效应具有重要的意义。借鉴安赛林（Anselin[28]）的观点，空间效应包括空间的结构构成与空间的关联效应。其中，空间关联效应体现在空间依赖性上，而空间结构构成则体现在空间异质性上。梳理已有文献可知，科技型人才聚集溢出效应已经获得普遍认可，已有结果对人才聚集空间格局的调整，大多采用时间序列数据，利用定性的方法或凭借经验事实给出合理的政策建议，鲜有从定量角度对人才聚集的空间效应进行量化实证研究。基于此，借鉴兰芳等[181]的观点，本书利用探索性空间数据分析方法，分析科技型人才聚集区域的空间差异。

此外，弗里德曼（Friedmann）提出的中心外围说也是研究人才聚集的基础理论。他认为,不同区域会因为发展状况等因素的差异而形成“中心”区域和“外围”区域。人才的聚集与“中心”区域的发展有重要的关系。近年来，随着我国区域一体化进程的加快，生产要素在地区间流动日益频繁，空间相互作用也不断增强。因而，从空间维度探析人才聚集的空间溢出效应，研究视角更为广阔。目前，众多文献主要对区域金融中心进行研究[188, 189]，这些文献为人才聚集中心区域的研究提供了理论借鉴，根据区域经济理论和地理经济学知识，区域中心城市作为区域经济的增长极，在资金、技术、信息等方面产生的极化效应和扩散效应促进了本地区和周边地区的经济发展。而资金、技术、信息等生产要素的扩散需要借助于人才这一特殊要素的能动性，因此，对人才聚集核心城市进行研究也具有重要的意义。

综上所述，已有文献为科技型人才聚集空间差异、核心城市的研究提供了理论基础，但仍存在不足之处。学者们在确定核心区域时，大多采用经验性事实[190]、因子分析[191]或引力模型[192]进行确定，尚未在科技型人才聚集空间效应基础上采用复杂网络的层级划分确定核心区域，少有从空间计量与复杂网络结合的视角进行实证分析的。本章以科技型人才聚集为研究对象，考虑科技型人才聚集的空间维度与时间维度特征，首先通过改进的区位熵系数测度我国科技型人才的聚集程度；其次利用探索性空间数据分析方法，借助 Geoda095i 软件进行人才聚集的空间相关性分析，观察我国科技型人才聚集区域的空间格局与分布模式，估计省域的自相关程度；最后利用复杂网络确定科技型人才聚集的核心区域，从而测度科技型人才聚集区域的溢出效应及其时空演变态势。研究方法上创新性地将探索性空间数据分析方法与复杂网络两种方法结合起来，力求得出更为准确的实证结果。研究内容上将空间的异质性——核心区域与人才聚集空间溢出效应动态结合，实现两个层面的交互作用，以期研究结果能为优化人才分布格局和制定合理的区域人才规划政策提供借鉴。

一、科技型人才聚集效应描述性统计分析

参照已有相关文献研究结果，基于数据的可获得性和统计口径的差异性，本书选取我国2008—2015年各个省（自治区、直辖市）的高技术产业省际数据作为样本，由于西藏和新疆数据严重缺失，因此在实际的分析过程中将其剔除。本节所有数据均来源于《中国统计年鉴2016》《中国高技术产业统计年鉴2016》。

本节采用改进的区位熵系数来衡量科技型人才聚集指数TAI，首先通过对全国29个省（自治区、直辖市）（不包括新疆、西藏和港海岸台地区）的TAI指标进行测算，科技型人才聚集程度分布见表11–1。

表11–1　我国2008—2015年TAI指数表

年份	2008	2009	2010	2011	2012	2013	2014	2015
TAI＞1区域个数	10	10	10	12	12	18	18	19

由表11–1可知，本节选取2009年、2012年、2014年、2015年为代表年份对我国科技型人才聚集情况进行研究。进一步，分布趋势如图11–1所示。

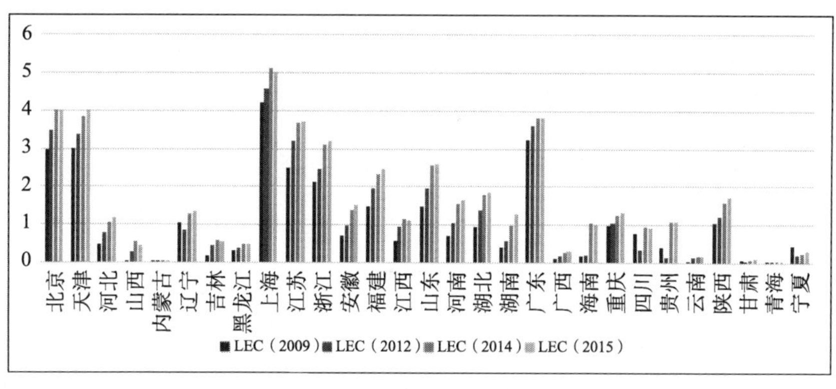

图11–1　2009年、2012年、2014年、2015年我国TAI分布情况

图 11–1 显示了 2009 年、2012 年、2014 年、2015 年我国科技型人才聚集指数情况。从图 11–1 可以看出：全国范围内大多数省份的 TAI 指数逐年上升，说明我国科技型人才聚集程度逐年加强；我国人才聚集分布极不均匀，环渤海湾经济圈、长江三角洲经济区、珠江三角洲经济区以及西北、西南核心省份的人才聚集指数较其他区域高，地区差异比较严重，说明我国科技型人才聚集情况会受区域内经济水平的影响，经济水平高的地区其人才聚集程度也高；对我国三大经济圈科技型人才聚集情况进一步进行分析，可以看出，全国科技型人才聚集以北京、上海以及广东为"领头羊"，通过人才能动性，促进各种资源向其他区域扩散，产生溢出效应；同时，环渤海湾以及长江三角洲人才聚集圈中的人才聚集分布情况相差不大，而珠江三角洲人才聚集圈中的广东人才聚集程度与其他省份相差较大，分布不均匀。

同时，为了更直观地说明科技型人才聚集情况在区域之间的分布趋势，借助 TAI 指标公式，选取 2009 年、2012 年、2014 年及 2015 年进行计算整理，结果见表 11–2。

表 11–2　2009 年、2012 年、2014 年、2015 年全国 TAI 排名表

TAI（2009）	province	TAI（2012）	province	TAI（2014）	province	TAI（2015）	province	RANK
4.210	上海	4.574	上海	5.111	上海	5.026	上海	1
3.245	广东	3.608	广东	4.018	北京	4.025	北京	2
3.017	天津	3.467	北京	3.835	天津	4.019	天津	3
2.971	北京	3.370	天津	3.822	广东	3.808	广东	4
2.491	江苏	3.211	江苏	3.663	江苏	3.712	江苏	5

续表

TAI（2009）	province	TAI（2012）	province	TAI（2014）	province	TAI（2015）	province	RANK
2.138	浙江	2.476	浙江	3.086	浙江	3.210	浙江	6
1.485	福建	1.957	福建	2.548	山东	2.591	山东	7
1.477	山东	1.946	山东	2.332	福建	2.448	福建	8
1.065	辽宁	1.395	湖北	1.807	湖北	1.846	湖北	9
1.061	陕西	1.239	陕西	1.604	陕西	1.709	陕西	10
		1.067	重庆	1.546	河南	1.656	河南	11
		1.039	河南	1.404	安徽	1.535	安徽	12
				1.274	辽宁	1.354	辽宁	13
				1.262	重庆	1.324	重庆	14
				1.167	江西	1.294	湖南	15
				1.098	贵州	1.181	湖北	16
				1.046	河北	1.108	江西	17
				1.043	海南	1.095	贵州	18
						1.028	海南	19

注：本表选取 2008—2015 年 TAI 数据中的代表年份数据。同时，仅对科技型人才聚集指数大于 1 的地区进行排序。本表所有数据为作者计算得来。

由表 11–2 及图 11–1 可知，我国科技型人才聚集集中区域逐年增多，由 2008 年的 9 个增加至 2015 年的 19 个；北京、上海、天津、广东等经济发达区域的人才聚集指数远高于其他地区，最高与最低区域人才聚集指数相差 5 倍；我国科技型人才聚集指数前十的地区排名浮动很小，而区域间的异质性需要进一步分析。

二、科技型人才聚集空间相关性检验

科技型人才在区域上存在聚集现象。同时，为了更深入地揭示科技型人才集聚与差异的空间分布格局与形成原因，检验科技型人才聚集效应的空间关系，本节选择基于 Rook 方式的空间邻接方法构建空间权重矩阵，并采用 Moran 指数来检验全国人才聚集情况的空间自相关性。此处，选取 2009 年、2012 年、2014 年、2015 年我国人才聚集指数的信息来验证空间相关性。可以发现，我国东部沿海地区人才聚集程度高，并且人才聚集态势由东向西逐渐递减。同时利用 Geoda095i 软件计算人才聚集 Moran 指数及其检验结果，见表 11–3。

表 11–3　2008—2015 年我国 TAI 的 Moran 指数

年份	全局 Moran		局部 Moran	
	Moran	P-value	Moran	P-value
2008	0.3879	0.002	0.3879	0.002
2009	0.4091	0.005	0.4039	0.001
2010	0.4472	0.003	0.4252	0.001
2011	0.4803	0.001	0.4445	0.001
2012	0.4981	0.001	0.4555	0.001
2013	0.5105	0.001	0.459	0.001
2014	0.5267	0.001	0.4657	0.001
2015	0.5445	0.001	0.478	0.001

由表 11–3 可以看出，2008—2015 年我国人才聚集指数的全局 Moran 指数以及局部 Moran 指数均大于零，且都通过 1% 的显著性检验，说明我国 29 个省份的人才聚集情况都存在空间自相关性，即空间因素产生一定影响。

全局空间自相关性只能分析整体集聚情况，但整体的相关性不能充分说明各区域之间的具体相关程度，为进一步检验我国各区域之间的关联布局，则需要对人才聚集进行局部自相关分析。本节利用 Geoda095i 软件选取 2009 年、2012 年、2014 年、2015 年通过绘制 LISA 示意图可反映出：我国科技型人才在空间上形成了西部低值聚集区，东部高值聚集区的分布格局。东部科技型人才聚集的高值区以上海为中心，涵盖范围较小且变化不大；西部科技型人才聚集的低值区以四川、青海为中心，涵盖了内蒙古、黑龙江以及西北部落后地区。

三、科技型人才聚集核心区域的确定

为了进一步确定科技型人才聚集的核心区域，本部分借助 Ucinet 软件，根据构建的指标及数据的获取，利用复杂网络理论对人才聚集网络整体性质进行分析。其中，网络整体性质用网络密度、网络紧密度、凝聚力指数、节点距离等指标进行分析，见表 11–4。

表 11–4　2009 年、2012 年、2014 年、2015 年我国 TAI 网络性质表

年份	Density	Centralization	Heterogeneity	Average distance	Compactness
2009	0.2882	11.24%	3.65%	2.382	0.548
2012	0.3251	22.62%	3.86%	2.645	0.548
2014	0.436	26.06%	4.43%	1.899	0.572
2015	0.4729	22.09%	4.33%	2.628	0.621

由表 11–4 可以看出，我国科技型人才聚集网络的紧密度逐年增强，网络节点之间平均两个节点就能将网络连接起来，构成一个紧密的人才网络。同时，为了更直观地进行对比分析，采用 Ucinet 软件绘制出人才聚集网络的空间拓扑图，如图 11–2 所示。

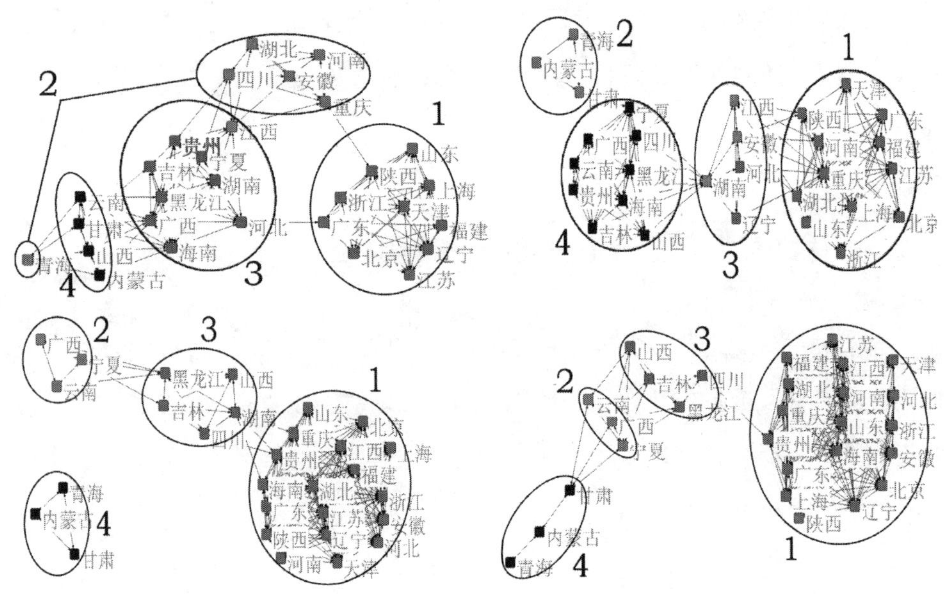

图 11–2　2009 年、2012 年、2014 年、2015 年 TAI 网络空间拓扑图

注：图中 1 区域代表科技型人才聚集显著地区，即 TAI 大于 1 的聚集区域；2 区域代表科技型人才聚集优势地区，即 TAI 接近 1 的聚集区域；3 区域代表人才聚集明显地区，即 TAI 在 0.5 浮动；而 4 区域代表人才聚集不显著地区，即 TAI 远小于 0.5。

由图 11–2 可以看出，我国科技型人才聚集程度逐年增加，人才聚集影响区域逐年增大，层级划分越来越明显，人才聚集现象越来越突出。人才聚集网络是一种具有层次结构的复杂网络，而层次结构正是这些网络存在高聚类系数、无标度拓扑性质的根本原因 [20]。实际上，由于区域资源禀赋的差异，人力资本在各个区域所起的作用也不尽相同。为了确定科技型人才聚集的核心区域，首先需对科技型人才聚集区域进行块模型分析，确定各子群包含的区域；然后以 K-core 为参数对各子群进行核心节点的层次划分，从而可更好地展现网络的微观形态的层次结构，揭示科技型人才聚集的辐射路径分化、交叉衍生的形式。

此处，采取 *n*- 派系，根据不同地区科技型人才聚集相似性进行子群划分，如图 11–3 所示。

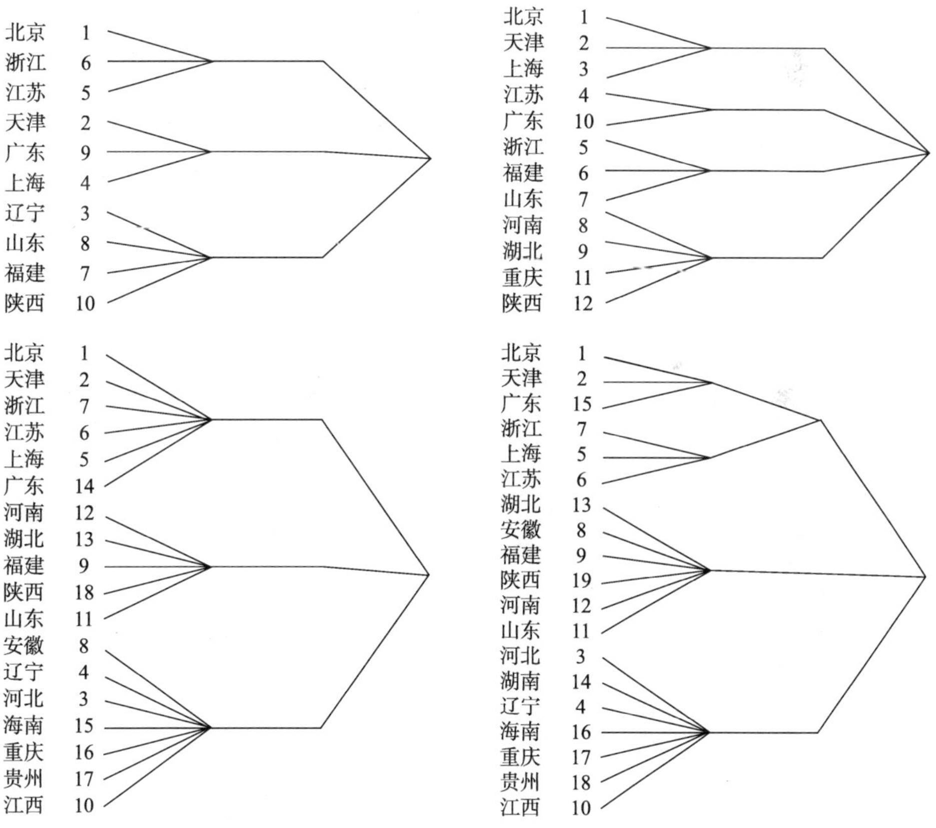

图 11–3　2009 年、2012 年、2014 年、2015 年 TAI 网络空间子群分派

由图 11–3 可知，子群的划分以及子群之间的差异较为明显。科技型人才聚集区域受经济发展的正向影响，同一子群内部地区人才聚集现象打破了传统地理距离的限制，科技型人才聚集具有较强的外部性。

同时，为了更清晰地认识网络中核心节点的分布，本部分以 K-core 为参数，用网络的 Gower 度量布局及分布来确定不同层级的核心节点，结果如图 11–4 所示。

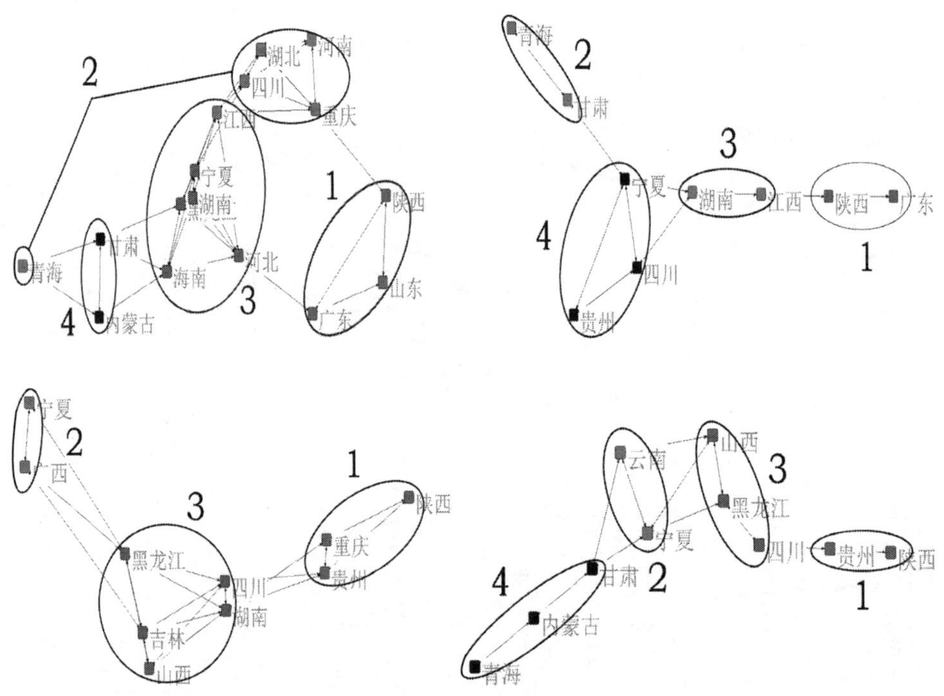

图 11–4　2009 年、2012 年、2014 年、2015 年 TAI 网络基于 K-core 的 Gower 度量分布

注：图中 1 区域代表科技型人才聚集显著地区，即 TAI 大于 1 的聚集区域；2 区域代表科技型人才聚集优势地区，即 TAI 接近 1 的聚集区域；3 区域代表人才聚集明显地区，即 TAI 在 0.5 浮动；而 4 区域代表人才聚集不显著地区，即 TAI 远小于 0.5。

由图 11–3、图 11–4 可知，我国科技型人才聚集的核心区域分布在各层级中，且不同层级科技型才聚集核心区域存在联系；2008—2015 年我国科技型人才聚集的核心区域逐渐稳定，可确定为北京、天津、上海、湖北、陕西、河南、贵州这些区域。

四、本节小结

本节在对既有文献回顾整理和经验性事实描述分析的基础上，利用我国 2008—2015 年各省（自治区、直辖市）的高技术产业数据（除新疆和西藏外），采用空间计量和复杂网络研究方法，分析了我国科技型人才聚集的空间结构差异，确定出科技型人才聚集的核心区域，得出以下结论。

第一，我国科技型人才聚集存在显著的空间关系。科技型人才聚集在空间上形成了由东向西逐步递减的分布格局，其中，东部高值聚集区以上海为中心，涵盖范围较小且变化不大；而西部低值聚集区以四川、青海为中心，涵盖内蒙古等西部落后地区。

第二，我国科技型人才聚集分布存在层级结构。科技型人才聚集区域受经济发展的正向影响，同时，人才聚集具有较强的外部性，同一层级内部地区人才聚集现象打破了传统地理距离的限制。

第三，我国科技型人才聚集核心区域在各层级中的分布逐年趋于稳定。其中东部人才聚集的核心区域有北京、天津及上海，中部人才聚集的核心区域有河南及湖北，而西部人才聚集的核心区域为陕西及贵州。

第四节　对策建议

上述研究结论对于制定有差异化的区域人才发展政策提供了重要的理论借鉴，同时，为促进我国区域人才的集聚，提升科技型人才聚集效应以及溢出效应，提出以下建议。

第一，合理适配区域人才规模量。由于区域资源禀赋的差异，我国东、中、西部各省人才队伍结构有很大不同，而人才结构的不同在很大程度上影响着区域经济的发展。所以各省政府应该根据本省的实际情况制定出差异化的吸引人才的优惠条件，壮大本省实际人才需求总量，从而可为区域内信息的传播、共享、交流提供正确的平台。

第二，积极优化区域人才配置。由于我国人才的非均衡布局，西部边远地区人才的严重匮乏使得其经济发展水平滞后。政府要制定积极的政策吸引中部以及东部富余人才向西部地区流动，优化区域人才配置。在我国，人才互补是弥补东、西部经济差距的重要手段，所以要充分发挥人才的作用。但是人才资源的利用要尊重科学规律，尊重市场经济规律，尊重我国人才的合理布局理念，以此来扩大人才聚集核心点的分布范围。

第三，充分发挥人才聚集区域的辐射效应。伴随着改革开放的号角，我国东南沿海地区的人才布局已经筑起“人才聚集高地”，同时，中部崛起战略的实施使得人才政策更加顺利地实施。因此，东部地区要充分发挥人才聚集优势，发挥信息技术、市场的优势，调剂余缺，合作进行人才开发；中部地区要发挥政策优势，加强人才流动，提升我国人才网络的紧密性；充分发挥人才聚集核心区域的辐射效应，使得我国人才网络更加紧密与稳健。

第十二章　科技型人才聚集核心城市的空间影响力研究

在上述章节研究的基础上，本章主要利用威尔逊模型和场强模型测度科技型人才聚集核心城市的空间影响力。

第一节　科技型人才聚集空间网络辐射效应机理分析

在现实经济的发展过程中，非均衡性已成为区域经济发展的普遍规律，区域核心城市的扩散与协同发展成为区域经济发展一体化的重要方式，是未来经济发展的必然趋势。同时，我国国民经济新常态发展提出要消除区域经济发展不平衡的目标，而科技型人才作为一种特殊的经济要素，是区域系统中最活跃的因素，在区域经济的均衡发展中起着重要的“桥梁”作用。事实上，区域经济增长以聚集效应和溢出效应为主要发展模式。聚集效应是指劳动力、资金、技术等生产要素由不发达地区向发达地区的集聚，这种集聚会削弱不发达地区经济增长的实力；而溢出效应是指当发达地区的集聚成本升高时，资源会在市场机制的引导下向外溢出，这种溢出的结果将促进不发达地区的经济增长。

因此，本部分主要基于科技型人才这一核心生产要素的能动性促使各种资源流动和配置，利用弗里德曼（Friedmann）核心—边缘理论，测度“核心区”辐射周边“外围”区域的溢出效应，从而打破科技型人才聚集所在区域的行政边界，缩小区域经济发展差距。

人才，尤其是科技型人才在区域经济发展中扮演重要角色。关于科技型人才聚集的研究主要集中于人才聚集特性、科技型人才聚集与区域经济增长、科技型人才聚集与创新成果发展等方面，鲜有从空间角度特别是将复杂网络研究范式应用于科技型人才聚集核心城市的辐射能力的研究。目前，已有文献中关于核心城市的确定主要利用因子分析法、主成分分析法进行研究。而对于核心城市辐射能力的研究，即城市腹地范围的研究已有很多结果[193，194]，其中，很大一部分文献集中于金融辐射能力的研究[195~197]，其主要研究框架是首先通过不同方法找出区域内的辐射源，再根据经验法（通过中心地与腹地间的度量指标来确定腹地范围）或理论法（主要借助引力模型、断裂点公式等抽象模型进行推算）确定辐射半径（潘竟虎等[198~203]）。

每个区域在地理空间上都存在自己的经济影响范围，即一个区域对周围区域产生的吸引力或辐射力对周围区域的社会经济联系起主导作用，它的形成是区域空间相互作用力量平衡的结果。区域之间的相互作用可以用作用量来表达，也可以用每个区域的影响范围来描述。然而，一般意义上，核心城市对外围城市的辐射不是等幅辐射，辐射效应是否有效还需分析外围区域接受辐射的能力。梳理已有文献可知，以场强模型为代表的理论模型在研究中心城市的辐射效应中得到了广泛的应用。吴清等[204]学者将场强模型和栅格技术相结合，对湖北城市旅游经济的扩散强度进行了分析；魏伟等[205]学者将引力模型和场强模型相结合，对石羊河流域城乡结构的辐射作用强度进行了研究；潘竟虎和刘莹[206]以及邱岳等[207]学者均采用场强模型对核心城市的辐射效应进行了一系列实证研究。

综上所述，可以发现尚未有文献在全面考虑各种因素的基础上研究科技型人才聚集核心区域的空间网络特征。已有文献为核心城市辐射效应的研究提供了理论基础，但仍存在不足之处。鉴于此，本章将利用复杂网络理论，在上一章节确定的科技型人才聚集区域的层级结构和核心节点的基础上，利用改进后的威尔逊模型确定出科技型人才聚集核心区域辐射半径以及科技型人才辐射力，最后用场强模型对人才辐射效果进行实证检验，创新性地将复杂网络、威尔逊模型和场强模型结合起来，力求得到更为准确的实证结果，从而实现要素结构的互补效应、功能布局的协同效应，为构建科技型人才聚集核心城市体系结构，充分发挥核心城市辐射效果提供一定的理论指导。

第二节　科技型人才聚集空间网络辐射效应理论模型构建

对于中国区域创新活动而言，由于区域经济发展差距导致的创新要素空间集聚现象异常明显，创新外溢成为研究中国区域创新活动的一个重要方向。创新外溢不仅仅表现为创新成果的外溢，更表现为创新资本和人才的外溢。同时，中国区域经济发展阶段与要素禀赋存在差异，中国区域创新活动呈现出较为明显的集聚特征，这种创新要素的集聚效应所带来的规模经济效应和知识交流成本的降低必然能够带来中国整体创新效率的提升。因此，本节主要从空间维度探析科技型人才聚集带来的创新活动的外溢现象，研究视角更为广阔。

一、科技型人才聚集辐射效应的威尔逊模型

借鉴区域金融中心辐射效应的定义[208]，科技型人才聚集的辐射效应是指区域科技人才聚集的中心城市，它与其腹地之间随着知识的扩散、传播、转移和获取，借助人力资本进行资本、技术、信息、思想观念等方面的传播，通过流动和传播来促进整个区域经济的发展。科技型人才既是区域经济资源，又是社会发展资源，对提升区域创新能力，推动国家科技进步，促进经济发展有着重要作用[209]。

科技型人才聚集是指区域内某一行业或者相似行业随着科技型人才在区域内的流动，按照行业类型所形成的聚类现象，集中体现了人才集聚的空间指向性[210]。科技型人才在空间分布上存在聚集现象，具有复杂网络的分布特征[182]，同时在区域要素边际收益和区域经济、社会发展等因素的共同作用下，产生溢出效应，进而出现局部集中的现象。由于我国地理空间分布的不均衡性，以及区域经济发展的差异性导致科技型人才聚集存在较大空间上的异质性，进一步形成多层级核心—外围区域分布。

随着区域间人力、资本、技术、信息等生产要素的快速流动，科技型人才在区域资源禀赋、经济发展差异以及自我价值实现等要素推动下，在某一区域内形成行业或者产业聚集现象[178]。在科技型人才聚集核心区域内大量同行业的人才聚集在一起，这些异质性因素在知识链整合、消化、吸收的过程中，更容

易促进知识与技能的创新，提升科技成果转化能力，实现资源互补。同时，人力资源的集聚可以有效地对区域内的资源进行优化配置，提高区域经济运行效率 [180]。从这个角度讲，科技型人才聚集中心作为区域经济增长极，随着人才在区域内的广泛流动，不仅会优化区域内的人才结构、调整产业布局，更会产生辐射效应，以此提升区域整体实力，带动整个区域经济快速发展。

那么，如何度量科技型人才聚集的辐射效应？本节采用威尔逊模型来衡量人才聚集的辐射效应。国内外学者经过多年摸索、探讨，通过对威尔逊模型的逐步改进，得到较为准确的空间扩散范围测度模型 [211]。威尔逊认为，如果两个地区（或城市）经常发生资源交换以及空间上的交互作用，则两地的空间作用程度与两地距离、区域规模和资源的同质性具有重要关系。由威尔逊模型，区域 i 对区域 j 的人才辐射力可用式（12–1）表示：

$$T_{ij} = KO_iD_j \exp(-\beta r_{ij}) \tag{12–1}$$

式中，T_{ij} 是区域 i 从区域 j 吸引到的资源总量；O_i 是区域 i 的人力资源强度；D_j 是区域 i 的人力资源总量；r_{ij} 表示两区域之间的距离；β 是衰减因子，表示人力资源辐射衰减程度的快慢；K 是归一化因子，一般取 1。由式（12–1）可以看出，区域间辐射效应的产生主要是由区域间的地理距离以及衰减因子决定的。因此，借鉴王铮等 [212] 观点，可将其简化为：

$$\theta = D_j \exp(-\beta r_{ij}) \tag{12–2}$$

式（12–2）进一步揭示了区域间吸引强度与区域间距离以及衰减因子之间的联系。其中，θ 是一个给定的阈值，当某个区域的人才聚集指数衰减到这个阈值以下，就可以认为核心区域对该区域没有产生辐射效应。为了消除异方差影响，对式（12–2）进一步取对数，得：

$$r_{ij} = \frac{1}{\beta} \times \ln \frac{D_j}{\theta} \tag{12–3}$$

因此，若给定 θ 值，计算出 D_j、β，即可得出核心区域人才聚集辐射半径 r_{ij}。进一步，β 可确定如下：

$$\beta = \sqrt{\frac{2T}{t_{\max} D}} \tag{12–4}$$

式中，D 是相互作用域的域元；T 是区域内传递因子的总个数；$t_{\max}$ 是区域内具有扩散功能的最多因子个数。

二、科技型人才聚集辐射效应的场强模型

根据威尔逊模型，可以测度核心区域的辐射半径。但是，一般而言，辐射不是等幅辐射，不能仅依靠辐射半径来完全确定核心区域人才聚集的辐射效应，辐射效应是否有效还需分析外围地区接受辐射的能力。

因此，本节借鉴参考文献[213]，采用改进的人才聚集辐射场强模型，即人才辐射场强 E 和辐射力 F 模型，全面考察人才聚集核心区域在全国范围内的辐射效应。此处，定义人才聚集水平较高的区域为辐射源，而人才聚集程度较低的区域为受力点，以区域间人才流动为辐射媒介，随着知识的流动、信息和资源的共享，借助科技型人才这一“活力”资源，促使各种资源从辐射源向受力点流动。人才聚集场强模型数学定义如下。

（1）辐射源对受力城市的辐射强度：

$$E_{ij} = \frac{\sqrt{P_i \cdot D_i}}{d_{ij}} \tag{12–5}$$

式中，E_{ij} 表示辐射源 i 对受力城市 j 产生的辐射场强；P_i 表示区域 i 内高技术产业 R&D 人员折合全时当量（人）；D_i 表示区域 i 内高技术产业 R&D 内部经费支出（亿元）；$\sqrt{P_i \cdot D_i}$ 表示辐射源城市 i 的城市创新质量（千克），1 千克 $=\sqrt{1\text{人}\times 1\text{亿元}}$；$d_{ij}$ 表示从区域 i 到区域 j 的最短时间距离（小时），不包括飞机运输时间，时间距离指创新资源在两个区域间流动所需的最短时间。

（2）受力城市接受辐射程度：

$$F_{ij}=E_{ij}\cdot\sqrt{P_j\cdot D_j} \tag{12–6}$$

式中，P_j 表示区域 j 内高技术产业 R&D 人员折合全时当量（人）；D_j 表示区域 j 内高技术产业 R&D 内部经费支出（亿元）；$\sqrt{P_j\cdot D_j}$ 表示受力城市 j 的城市创新质量（千克），1 千克 $=\sqrt{1\text{人}\times 1\text{亿元}}$；$E_{ij}$ 表示辐射源 i 对受力城市 j 产生的辐射场强；F_{ij} 表示辐射源 i 对受力城市 j 的辐射力。

第三节　科技型人才聚集空间网络辐射效应实证分析

一、科技型人才聚集核心—边缘城市确定

在第十一章科技型人才聚集核心区域确定的基础上，由于本节测量的是全国范围内科技型人才聚集的辐射效应，而我国地理因素较复杂，如果单以两地之间的直线距离作为衡量两地通达性的指标，结果并不科学，所以参考有关文

献[214]，基于两地之间公路、铁路交通最短时间里程作为两城市之间的距离，即为设定的两地之间通达性所需时间距离。同时，基于其他属性数据的可获得性和统计口径差异性，选取 2008—2015 年我国各省（自治区、直辖市）的高技术产业省际数据作为样本，由于西藏和新疆数据严重缺失，因此在实际的分析过程中将其剔除，其他数据均来源于《中国统计年鉴 2016》和《中国高技术产业统计年鉴 2016》。

此外，随着我国改革开放政策的实施，全国经济一体化进程逐渐加快，大都市在区域经济竞争和合作中崭露头角，起到关键作用。自法国学者戈特曼 1957 年提出“大都市经济圈（带）”概念以来，大都市经济带逐渐成为一个国家经济、社会发展的重要衡量指标。从最先的经济特区发展到现在的环渤海湾经济圈、长三角经济圈和珠三角经济圈，这三个经济圈已经成为我国经济总量的代表。同时，借鉴学者刘斌夫在 2004 年《中国城市走向》中提出的“西三角”地理经济概念，“西三角”是指我国西部三个重要城市——成都、重庆以及西安，并以此为核心构成的西三角经济圈。目前，已成为连接我国中西部，促进中西部交流，提高西部经济发展效率的重要经济区。西三角经济区的建立，促成了我国更大范围内的经济合作布局。根据上一章节利用复杂的网络层级结构分布、TAI 排名，结合影响我国经济最发达的四大经济圈确定的人才聚集的核心区域，最终确定出科技型人才聚集中心为上海、北京、天津、广东、江苏、浙江、山东、福建、陕西、重庆。其中，环渤海湾经济圈人才聚集中心为北京、天津、山东；长江三角洲经济圈人才聚集中心为上海、江苏、浙江；珠江三角洲人才聚集中心为广东、福建；西三角经济圈人才聚集中心为陕西、重庆。本部分主要对这些核心区域的辐射效应进行分析。

二、科技型人才聚集空间网络辐射效应分析

1. 科技型人才聚集辐射半径测度

本部分主要通过威尔逊模型来确定人才聚集十大核心区域的辐射半径。其中，域元面积 D 用各省（自治区、直辖市）的行政面积来表示；T 用所有选取省（自治区、直辖市）数目表示；t_{max} 则用全国人才聚集核心区域数目表示。显然，$T = 29$，$t_{max} = 10$。将所选取值代入式（12–4）可得出 β，此处，一般选定人才聚集指数最小数量级来确定 θ，这里取 $\theta = 0.001$，即当人才聚集能量衰减到 0.001 时，就认为该中心区域的人才聚集辐射力达到了辐射界限。同时，本章用科技型人才聚集指数来表示人力资源总量 D_j，将上述数据代入式（12–3）即可得出十大核心区域的人才辐射半径。此处，选取 2015 年代表数据对人才聚集效应进行进一步实证研究，通过半径测度原理以及场强模型实证分析我国科技型人才聚集程度。2015 年十大核心区域的人才辐射半径见表 12–1。

表 12–1　2015 年十大核心区域科技型人才聚集辐射半径

省市	辐射半径 R（km）
北京	446.64
天津	366.37
上海	280.88
江苏	1093.20
浙江	1070.73
福建	1128.44
山东	1279.93
广东	1452.46
重庆	856.32
陕西	1401.49

其中，四大人才聚集辐射区包含的主要城市见表 12–2。

表 12–2　四大人才聚集辐射区域覆盖的主要城市群

人才聚集区域	辐射源城市	辐射源影响城市
环渤海湾人才聚集辐射区域	北京、天津、济南	呼和浩特、太原、石家庄、郑州、南京、合肥、武汉
长江三角洲人才聚集辐射区域	上海、南京、杭州	合肥、武汉、南昌、福州、济南、郑州
珠江三角洲人才聚集辐射区域	广州、福州	上海、南京、合肥、杭州、武汉、南昌、长沙、贵阳、南宁、海口
西三角地区人才聚集辐射区域	西安、重庆	太原、石家庄、郑州、银川、兰州、西宁、成都、贵阳、长沙、武汉

由表 12–2 可以看出，除黑龙江、吉林、辽宁北部、云南、西藏以及新疆等地区，核心城市辐射区域基本包含全国各省（自治区、直辖市）。这进一步说明依靠科技型人才这一要素的能动性将会进一步促进区域资源的合理配置，促进区域协同发展。

综上所述，结合表 12–1、表 12–2 可知：① 环渤海湾三省两市经济区域拥有丰富的人才资源，人才集中度高，与区域内其他城市差别较大，整个环渤海湾人才聚集辐射区域的资源共享格局还没有彻底形成。② 长江三角洲人才聚集区域呈现了辐射交互模式，各辐射源的辐射区域之间相互重叠，彼此影响，中心地带可以接受来自多核心城市的人才资源辐射，基本上形成了一个人才资源共享的网络。③ 珠江三角洲人才聚集辐射区域基本覆盖整个珠江三角洲区域，尤其广东、福建以及江西这些区域人才聚集程度较高，但仍有大部分区域处于边缘状态。④ 西三角地区的陕西、重庆拥有较强的人力资源辐射效应，尤其陕西的辐射范围广泛，基本覆盖了整个中西部地区，对中西部地区的人才交流起到关键作用；重庆的辐射范围更好地加强了西北与西南的交流，更有利于人才的流动。

2. 科技型人才聚集辐射场强和辐射效果测度

由于核心城市对外围城市的辐射不是等幅辐射，辐射效应是否有效还需分析外围区域接受辐射的能力。实践说明，随着经济的不断发展，一些核心区域利用自身具有的竞争优势、有利资源等带动了周边地区经济的发展。然而，受到一些客观条件（如交通）的限制，各个核心区的扩散效应不尽相同，核心区的扩散能力越强，则其优越的各种资源向周边地区溢出的可能性越大，于是带动周边地区发展的作用越显著。因此，合理确定核心区的辐射域也变成了本章关注的问题。所以，本章进一步采用人才辐射场强 E 和辐射力 F 模型确定辐射源对受力城市的辐射强度以及受力城市接受辐射程度。此处，计算人才辐射场强时，将十个核心城市作为辐射源，四大人才聚集辐射区域的其他城市作为受力点，结果见表 12–3~ 表 12–6。

表 12–3　环渤海湾人才聚集区域核心城市对受力城市的人才辐射

地区	北京				天津				济南			
	E_{ij}	Rank	E_{ij}	Rank	E_{ij}	Rank	E_{ij}	Rank	E_{ij}	Rank	E_{ij}	Rank
呼和浩特	249.5	3	8506.7	3	103.4	3	3526.3	3	267.3	7	9114.7	7
太原	270.3	2	28483.5	2	139.2	2	14672.0	2	470.5	3	49582.3	3
石家庄	450.4	1	257237.6	1	226.2	1	129191.7	1	784.1	1	447782.8	1
郑州	223.7	4	171549.3	4	120.7	4	92538.8	4	588.1	2	451043.9	2
南京	141.0	5	806259.9	5	78.7	6	449917.6	6	392.6	5	2244671.8	5
合肥	141.0	6	98978.6	6	84.2	5	59086.5	5	420.1	4	294851.2	4
武汉	124.7	7	180438.5	7	71.0	7	102664.5	7	323.1	6	467404.5	6

由表 12–3 可知：① 北京、天津及济南作为环渤海湾的人才辐射源，辐射强度有所差异，受力城市的接受力也有较大差异；② 以北京、天津及济南为辐

射源，对石家庄的人才辐射强度最强，对武汉最弱。所有受力城市中，南京接受力最强，呼和浩特最弱。

表 12–4　长江三角洲人才聚集区域核心城市对受力城市的人才辐射

地区	上海				南京				杭州			
	E_{ij}	Rank	E_{ij}	Rank	E_{ij}	Rank	E_{ij}	Rank	E_{ij}	Rank	E_{ij}	Rank
合肥	295.4	1	207320.2	4	2659.5	1	1866761.5	2	625.0	1	438705.3	4
武汉	179.0	3	258935.1	3	879.7	2	1272469.2	3	356.2	3	515283.3	3
南昌	196.9	2	97764.9	6	866.3	3	430146.2	6	487.6	2	242115.5	5
福州	161.1	6	263005.7	2	484.6	6	791061.6	4	347.1	4	566593.0	2
济南	165.2	5	485624.4	1	763.4	5	2244671.8	1	282.4	6	830317.0	1
郑州	168.8	4	129446.8	5	828.7	4	635574.0	5	311.6	5	238958.2	6

表 12–5　珠江三角洲人才聚集区域核心城市对受力城市的人才辐射

地区	广州				福州			
	E_{ij}	Rank	E_{ij}	Rank	E_{ij}	Rank	E_{ij}	Rank
上海	732.7	10	1298445.8	8	148.4	5	263005.7	3
南京	824.3	8	4713145.1	3	138.4	7	791061.6	1
合肥	927.7	6	651198.0	10	144.5	6	101409.9	7
杭州	856.1	7	2659252.7	5	182.4	2	56659.0	2
武汉	1074.8	4	1554806.2	7	149.8	4	216653.4	4
南昌	1435.2	3	712611.2	1	216.2	1	107360.5	6
长沙	743.9	9	570535.7	2	158.5	3	121565.2	5
贵阳	966.7	5	383607.0	4	82.5	10	32719.0	8
南宁	1848.4	1	230964.2	6	91.8	8	11473.0	9
海口	1524.9	2	123496.4	9	88.2	9	7146.5	10

表 12–6　西三角地区人才聚集区域核心城市对受力城市的人才辐射

地区	西安				重庆			
	E_{ij}	Rank	E_{ij}	Rank	E_{ij}	Rank	E_{ij}	Rank
太原	182.0	2	19177.1	7	20.0	7	2104.3	7
石家庄	134.1	6	76568.3	5	16.9	10	9648.3	6
郑州	233.7	1	179252.8	2	22.0	5	16845.5	5
银川	137.7	4	4250.4	9	17.8	9	549.7	9
兰州	149.9	3	10759.5	8	22.0	6	1577.0	8
西宁	109.1	8	477.9	10	18.3	8	80.3	10
成都	112.9	7	123448.1	3	75.2	1	82230.3	1
贵阳	82.8	10	32864.4	6	61.8	2	24528.3	3
长沙	103.1	9	84759.5	4	26.6	4	21834.6	4
武汉	137.0	5	198118.5	1	26.6	3	38525.7	2

由表 12–4 可知：① 以上海、南京为辐射源，对合肥的人才辐射强度最强，对福州最弱；而所有受力城市中，济南接受力最强，南昌最弱。② 以杭州为辐射源，对合肥的人才辐射强度最强，对济南最弱；而所有受力城市中，济南接受力最强，郑州最弱。

由表 12–5 可知：① 以广州为辐射源，对南宁的人才辐射强度最强，对上海最弱；而所有受力城市中，南昌接受力最强，合肥最弱。② 以福州为辐射源，对南昌的人才辐射强度最强，对贵阳最弱；而所有受力城市中，南京接受力最强，海口最弱。

由表 12–6 可知：① 以西安为辐射源，对郑州的人才辐射强度最强，对贵阳最弱；而所有受力城市中，武汉接受力最强，西宁最弱。② 以重庆为辐射源，重庆对成都的人才辐射强度最强，对石家庄最弱；而所有受力城市中，成都接受力最强，西宁最弱。

三、研究结论

本部分在对既有文献的回顾分析和对经验性事实的统计观察基础上，利用我国2008—2015年各省（自治区、直辖市）的高技术产业数据（除新疆和西藏），创新性地将复杂网络与威尔逊模型、场强模型相结合，分析了科技型人才聚集核心区域的影响力，测度了我国科技型人才聚集的空间构成，并进一步明晰了我国科技型人才聚集的核心省（自治区、直辖市）人才辐射效应的范围以及强度，得出以下结论。

第一，我国科技型人才聚集与区域经济发展以及地理因素息息相关，存在较大的空间异质性，具有多层级核心—外围区域分布。

第二，科技型人才聚集核心区域辐射范围有较大差异。除黑龙江、吉林、辽宁北部、云南、西藏以及新疆等地区，核心城市辐射区域基本覆盖全国各省份，同时，四大经济圈中形成不同的科技型人才辐射模式。创新性地采用改进的威尔逊模型确定人才辐射半径，进一步扩充了以往研究中仅以个案进行区域辐射效应的研究，更加全面地分析了我国各区域人才辐射效应。

第三，科技型人才聚集核心区域辐射效果有较大差异。四大经济圈中核心城市（辐射源）对辐射城市（受力城市）的辐射强度以及接受辐射城市的接受力不同，辐射效果即受力城市的接受力大小不仅与距离有关，而且与该区域人才质量息息相关。

第四节　对策建议

目前中国由于区域经济和文化差异，直接导致区域技术创新水平非均衡，因此减少区域间技术创新水平的非均衡性，对缩小区域经济发展差异，提高中国的国际竞争力，具有极其重要的理论与现实意义。在人力资本方面，尊重人才、引进人才、培养人才和留住人才将是我国区域创新能力增长和经济发展面临的严峻考验，需要把这些因素纳入各省发展战略加以考量。科技型人才聚集不仅对区域经济、社会发展起着重要作用，同时促进了我国区域间的协同发展，所以基于实证结果，提出以下政策建议。

首先，增强核心区域非核心城市能级。由于区域内人才资源的不均衡导致核心区域人才辐射效应不能充分发挥，因此要对区域内非核心城市加以扶持，增强非核心城市能级，注重人才配置，加强其经济建设，增强其城市集聚能力，尤其是部分非核心城市在区域内具有桥梁作用，但其城市能级不强，阻碍了核心区域人才集聚效应的发生，故应加强其在区域内的重要区位作用。

其次，加强四大经济圈之间人才资源的良性互动。由于四大经济圈人才聚集辐射效应具有差异性，区域间人才资源辐射互动能力不强，四大经济圈中人才资源的竞争趋势大于合作趋势。因此，应该加强区域间人才的良性互动，探索适宜的合作发展模式，引导区域间人才资源合理流动。

最后，引导各区域内资源在城市间的合理配置。人才集聚核心城市对其他城市产生辐射效果，不仅取决于城市之间的距离，而且与城市质量有关系。城市质量越大，接受核心城市的辐射能力越强，核心城市的辐射效果越好。这就需要统筹优化区域内各种资源，按照各城市的区域区位条件进行产业的合理转移，优化产业布局，合理配置区域内人才流动，使区域经济利益最大化。

参考文献

[1] HOOVER. The vascular plants of san luis obispo county [M]. Berkeley：California University of California Press，1970.

[2] COOKE P M. Regional innovation system：an evolutionary approach，regional innovation system [M]//HEIDENREIEH H P，REGIONAL. Innovation system. London：University of London Press，1996.

[3] 寻晶晶 . 我国区域技术创新绩效的空间差异及影响因素研究 [D]. 长沙：湖南大学，2014..

[4] 李涛 . 西部区域创新能力对经济增长的影响研究 [D]. 西安：陕西师范大学，2017.

[5] 吴贵生，魏守华，徐建国 . 区域科技论 [M]. 北京：清华大学出版社，2007.

[6] 傅家骥 . 技术创新学 [M]. 北京：清华大学出版社，1998.

[7] 黄鲁成 . 关于区域创新系统研究内容的探讨 [J]. 科研管理，2000（2）：43–47.

[8] 中国科技发展战略研究小组 . 中国区域创新能力报告 2004—2005 [M]. 北京：知识产权出版社，2015.

[9] 金高云 . 提升我国区域创新能力的构想 [J]. 工业技术经济，2009，28（2）：7-11.

[10] LUNDVALL B A. National innovation systems：towards a theory of innovation and interactive learning [M]. London：Pinter Publishers，1992：76–83.

[11] STERN S, PORTER M E, FURMAN J L. The determinants of national innovative capacity [R]. National Bureau of Economic Research(Working Paper 7876)：Cambridge，MA，2000.

[12] 徐辉,刘俊 . 广东省区域技术创新能力测度的灰色关联分析 [J]. 地理科学,2012,32（9）:1075–1080.

[13] 陈其荣 . 技术创新的哲学视野 [J]. 复旦学报：社会科学版，2001（1）：18.

[14] AYDALOT P H，KEEBLED. High technology industry and innovative environment：the european experience [M]. London：Routledge，1988.

[15] GAMAGNI R. Innovation networks spatial perspectives [M]. London：Belhaven Press，1991.

[16] MAILLAT D. Innovative milieu and new generations of regional policies development [M]. Oxford：Oxford University Press，1998.

[17] STORPER M. The reginoal eord [M]. New York：Guilford Press，1997：16-17.

[18] 王缉慈 . 知识创新和区域创新环境 [J]. 经济地理，1999，19（1）：12-14.

[19] 王缉慈 . 创新及其相关概念的跟踪观察——返璞归真、认识进化和前沿发展 [J]. 中国软科学，2001（12）：31-35.

[20] 王缉慈 . 创新的空间——企业集群与区域发展 [M]. 北京：北京大学出版社，2001.

[21] 盖文启 . 论区域经济发展与区域创新环境 [J]. 学术研究，2002（1）：60-63.

[22] 蔡秀玲 . "硅谷"与"新竹"区域创新环境形成机制比较与启示 [J]. 亚太经济,2004（6）:61-64.

[23] 黄桥庆，赵自强，王志敏 . 区域创新环境的类型及其特征 [J]. 中原工学院学报，2004，15（5）：11-13.

[24] 贾亚男 . 关于区域创新环境的理论初探 [J]. 地域研究与开发，2017，20（1）：5-8.

[25] 宋晓薇 . 环境规制下金融资源空间配置对区域技术创新的作用机制研究 [D]. 南昌：江西财经大学，2017.

[26] HANSEN B E. Threshold effects in non-dynamic panels: estimation, testing, and inference [J]. Journal of Econometrics，1999（93）：345-368.

[27] 刘家树，菅利荣，洪功翔．区域创新网络集聚系数测度及其效应分析 [J]. 财贸研究，2013（3）：47-53.

[28] ANSELIN L. Spatial econometrics [M]//BALTAGI B.A companion to theoretical econometrics. Oxford，UK：Blackwell Scientific，1988：310-330.

[29] HAMPSON R，SIMERAL J，DEADWYLER S. Distribution of spatial and non-spatial information in dorsal in hippocampus [J]. Nature，1999，402（6762）：610-674.

[30] MORAN P A P. Notes on continuous stochastic phenomena [J]. Biometrics，1950（37）：17-23.

[31] 沈体雁，冯等田，孙铁山．空间计量经济学 [M]. 北京：北京大学出版社，2010.

[32] 罗家德．社会网络分析讲义 [M]. 北京：社会科学文献出版社，2005.

[33] WELLMAN B. Network analysis：from method and metaphor to theory and substance [R]. Torouto：University of Toronto，1981.

[34] 刘军．整体网络分析讲义 [M]. 上海：格致出版社，2009.

[35] 王铮，邓岳，葛昭攀．理论经济地理学 [M]. 北京：高等教育出版社，2006.

[36] 封福育．中、日、韩长期购买力平价的非线性检验——基于 1994—2009 年的经验分析 [J]. 统计与信息论坛，2011，26（1）：51-54.

[37] HUGGINS R，THOMPSON P. A network-based view of regional growth [J]. Journal of Economic Geography，2014，14（3）：511-545.

[38] 盖文启．创新网络——区域经济发展新思维 [M]. 北京：北京大学出版社，2002.

[39] 魏江，李拓宇，赵雨菡．创新驱动发展的总体格局、现实困境与政策走向 [J]. 中国软科学，2015（5）：21-30.

[40] 李兆亮．中国农业科研投资溢出效应研究 [D]. 武汉：华中农业大学，2017.

[41] COOKE P，JOACHIM，HAMS，et al.Regional innovation systems：the role of government in the globalized world [M]. London：UCL Press，1996.

[42] SCHNEIDER P H. International trade，economic growth and intellectual property rights：a panel data study of developed and developing countries [J]. Journal of Development Economics，2005（78）：529-547.

[43]CANIELS，MARJOLEIN C J. Regional differences in technology：theory and empirics [M]. Maastricht：MERIT，Maastricht Economic Research Institute on Innovation and Technology，1996.

[44] 邵云飞，谭劲松 . 区域技术创新能力形成机理探析 [J]. 管理科学学报，2006，9（4）：1-11.

[45] 王锐淇 . 我国区域技术创新能力空间相关性及扩散效应实证分析——基于 1997—2008 空间面板数据 [J]. 系统工程理论与实践，2012，32（11）：2419-2432.

[46] 王宵雅 . 物质资本、人力资本与区域创新差距 [J]. 管理现代化，2016（4）：46-48.

[47] FURMAN J L，PORTER M E，STERN S. The determinants of national innovative capacity [J]. Research Policy，2002（32）：899-933.

[48] 肖序，周志方 . 我国四大经济区域技术创新能力体系评价及地域差异研究——兼议西部地区技术创新能力的提升 [J]. 科技进步与对策，2006（4）：80-84.

[49] 曹蕾 . 区域生态文明建设评价指标体系及建模研究 [D]. 上海：华东师范大学，2014.

[50] 樊纲，王小鲁，朱恒鹏 . 中国市场化指数——各地区市场化相对进程 2011 年报告 [M]. 北京：经济科学出版社，2011.

[51] FAN J Q，LI R Z. Variable selection VIA penalized likelihood [J]. Journal of American Statistical Association，2001，96（4）：1348-1360.

[52] ROBERT L，RICHARD F. Selecting principle components in regression [J]. Statistics And Probability Letters，1985，3（6）：299-301.

[53] ZOU H. The adaptive LASSO and its oracle properties [J]. Journal of the American Statistical Association，2006，101（476）：1418-1429.

[54] TIBASHIRANI R. Regression shrinkage and aelection VIA the LASSO [J]. Journal of the Royal Statistical Society SerIes（B），（Methodological），1996（58）：267-288.

[55] ZOU H，HASTIE T. Regularization and variable selection VIA the elastic net [J]. Journal of the Royal Statistical Society，Series B，2005，67（1）：301-320.

[56] YUAN M，LIN Y. Model selection and estimation in regression with grouped variables [J]. Journal of the Royal Statistical Society Series B，2006，68（1）：49-67.

[57] 孙燕 . 随机效应 Logit 计量模型的自适应 LASSO 变量选择方法研究——基于 Gauss-Hermite 积分的 EM 算法 [J]. 数量经济技术经济研究，2012（12）：147–157.

[58] 李扬，曾宪斌 . 面板数据模型的惩罚似然变量选择方法研究 [J]. 统计研究，2014，31（3）：83–89.

[59] 梁超 . 基础设施对我国技术创新能力的影响效应 [D]. 天津：南开大学，2012.

[60] PATRICIA，HOFMANN. The impact of international trade and FDI on economic growth and technological change [M]. Berlin：Springer-Verlag Berlin Heidelberg，2013：29-168.

[61] 石峰，谢小春，姚旭兵 . 进口贸易门槛、研发投入与区域技术创新 [J]. 经济问题探索，2016（2）：54-62.

[62] 黄登香 . Elastic Net 方法在几类模型变量选择中的应用 [D]. 南宁：广西大学，2014.

[63] 梁丽军，刘子先，王化强 . 基于弹性网——SVM 的疾病诊断关键特征识别 [J]. 计算机应用研究，2015，32（5）：1301-1308.

[64] 袁铭 . 基于网购搜索量的 CPI 及时预测模型 [J]. 统计与信息论坛，2015，30（4）：20-27.

[65] POSER M V. International trade and technology change [J]. Oxford Economic Paper，1961，13（3）：323-341.

[66] GROSSMAN G M，HELPMAN E. Quality ladders and product cycles [J]. Quartely Journal of Economics，1991，106（2）：557-586.

[67] 韩永辉，邹建华 . "一带一路" 背景下的中国与西亚国家贸易合作现状和前景展望 [J]. 国际贸易，2014（8）：21-28.

[68] 刘红光，王云平，季璐 . 中国区域间产业转移特征、机理与模式研究 [J]. 经济地理，2014，34（1）：102-107.

[69] 蒋苏月 . 选择性产业转移引致的区际技术创新协同机理与实证研究 [D]. 镇江：江苏大学，2017.

[70] 卢根鑫 . 国际产业转移论 [M]. 上海：上海人民出版社，1997.

[71] 陈建军 . 中国现阶段的产业区域转移及其动力机制 [J]. 中国工业经济，2002（8）：37-44.

[72] 胡俊文 . 国际产业转移的基本规律及变化趋势 [J]. 国际贸易问题，2004（5）：56-60.

[73] 陈计旺 . 区际产业转移与要素流动的比较研究 [J]. 生产力研究，1999（3）：65-68.

[74] 陈刚，刘珊珊 . 产业转移理论与研究：现状与展望 [J]. 当代财经，2006（10）：91-96.

[75] 李伟庆，金星 . 区际产业转移对承接地自主创新影响的实证研究——基于安徽省地区与行业面板数据的分析 [J]. 科技进步与对策，2011，28（17）：29-33.

[76] 关爱萍，李娜 . 中国区际产业转移技术溢出及吸收能力门槛效应研究——基于西部地区省际面板数据的实证分析 [J]. 软科学，2014，28（2）：32-36.

[77] 毛琦梁，王菲 . 区域非均衡发展与产业转移的内生机制 [J]. 生态经济，2017，33（11）：73-81.

[78] 李子林，傅泽强，王艳华，等 . 京津冀制造业转移与环境影响实证研究 [J]. 环境科学研究，2017，30（12）：1813-1821.

[79] 谢建国 . 外商直接投资对中国的技术溢出——一个基于中国省区面板数据的研究 [J]. 经济学（季刊），2006（5）：1110-1128.

[80] 李伟庆 . 中国区际产业转移的资助创新效应研究 [D]. 杭州：浙江大学，2011.

[81] 关爱萍，魏国强 . 区际产业转移技术创新溢出效应的空间计量分析——基于西部地区的实证研究 [J]. 经济问题探索，2013（9）：77-83.

[82] BECK T，DEMIRGÜC-KUNT A，LEVINE R. Law and firms access to finance [J]. American Law and Economics Review，2005（7）：211–252.

[83] 孙彩虹 . 金融发展、金融自由化与知识产权保护的技术进步效应研究 [D]. 重庆：重庆大学，2016.

[84] 王致浩 . 我国金融中介发展对区域经济增长的溢出效应分析 [D]. 成都：西南财经大学，2011.

[85] 李晓龙，冉光和，郑威 . 金融发展、空间关联与区域创新产出 [J]. 研究与发展管理，2017，29（1）：55–64.

[86] 曹霞，张路蓬 . 金融支持对技术创新的直接影响及空间溢出效应：基于中国 2003—2013 年省际空间面板杜宾模型 [J]. 管理评论，2017，29（7）：36-45.

[87] 沈能，赵建强 . 我国金融发展与技术创新的动态演进 [J]. 统计与决策，2005（22）：69-72.

[88] 陈文哲 . 金融发展指标设计与区域金融发展度量——基于微观企业数据的研究分析 [D]. 天津：南开大学，2014.

[89] SACHS J D，WARNER A M. Natural resource abundance and economic growth[R].NBER working paper，1995.

[90] 邵帅，范美婷，杨莉莉 . 资源产业依赖如何影响经济发展效率？——有条件资源诅咒假说的检验及解释 [J]. 管理世界，2013（2）：32–63.

[91] VAN STEL A，CARREE M，THURIK R. The effect of entrepreneurial activity on national economic growth [J]. Small Business Economics，2005，24（3）：311–321.

[92] SACHS J D，WARNER A M. The curse of natural resources [J]. European Economic Review，2001，45（4）：827-838.

[93] ATKINSON G，HAMILTON K. Savings，growth and the resource curse hypothesis [J]. World Development，2003，31（11）：1793–1807.

[94] PAPYRAKIS E，GERLAGH R. The resource curse hypothesis and its transmission channels [J].Journal of Comparative Economics，2004，32（1）：181-193.

[95] 邵帅，齐中英 . 西部地区的能源开发与经济增长：基于“资源诅咒”假说的实证分析 [J]. 经济研究，2008（4）：147-160.

[96] 邢新朋，梁大鹏，宫再静 . 资源禀赋对低碳发展的影响机制研究 [J]. 系统工程学报，2014，29（5）：628-639.

[97] LEVINE R. Financial development and economic growth：views and agenda [J]. Journal of Economic Literature，1997（35）：688-726.

[98] 吴敬琏 . 供给侧改革——经济转型重塑中国布局 [M]. 北京：中国文史出版社，2016.

[99] 戴宏伟，王云平 . 产业转移与区域产业结构调整的关系分析 [J]. 当代财经，2008（2）：93-98.

[100] RAJAN R，ZINGALES L. Financial dependence and growth [J]. American Economic Review，1998，88（3）：559-586.

[101] 吕广征 . 山东半岛产业升级的金融支持研究 [D]. 大连：东北财经大学，2010.

[102] 何月冰．广东省产业转移中的金融支持研究 [D]. 广州：华南理工大学，2011.

[103] BINH K B，SANG YONG PARK，SUNG SHIN. Financial structure and industrial growth：a direct evidence from OECD countries [R]. Working Paper，2005.

[104] 陶爱萍，徐君超．金融发展与产业结构升级非线性关系研究——基于门槛模型的实证检验 [J]. 经济经纬，2016，33（2）：84-89.

[105] 吴雪萍．皖江城市带产业转移影响因素的实证分析 [J]. 经济论坛，2010（6）：111-113.

[106] GOLDSMITH R W. Financial structure and development [M]. New Haven，Conn：Yale University Press，1969：754-770.

[107] MCKINNON R I. Money and capital in economic development [M]. Washington，D. C.：The Brookings Institution，1973：177.

[108] LIANG Z C. Financial development，growth and regional disparity in post-reform China [R]. UNU-WIDER Working Paper，2005.

[109] 卢峰，姚洋．金融压抑下的法治、金融发展和经济增长 [J]. 中国社会科学，2004（1）：42-55.

[110] 王翔，李凌．中国的金融发展、经济波动与经济增长：一项基于面板数据的研究 [J]. 上海经济研究，2009（2）：34-43.

[111] 周立．中国各地区金融发展与经济增长（1978—2000）[M]. 北京：清华大学出版社，2004.

[112] 马轶群，史安娜．金融发展对中国经济增长质量的影响研究——基于 VAR 模型的实证分析 [J]. 国际金融研究，2012（11）：30–39.

[113] 周丽丽，杨刚强，江洪．中国金融发展速度与经济增长可持续性——基于区域差异的视角 [J]. 中国软科学，2014（2）：58–69.

[114] 应瑞瑶，周力．资源禀赋与绿色创新——从中国省际数据的经验研究看“荷兰病”之破解 [J]. 财经研究，2009，35（11）：92–102.

[115] 王智新，梁翠．人口规模、资源禀赋与经济增长实证分析 [J]. 中国人口•资源与环境，2012，22（10）：158–163.

[116] 赵丙奇，李玉举．30 个省市经济增长的资源禀赋状况研究 [J]. 财经科学，2006（2）：99–106.

[117] 曹薇，邱荣燕．金融发展、资源禀赋与区域承接产业转移的门槛效应分析 [J]. 华东经济管理，2017（04）：121–127.

[118] 同 [43]。

[119] 同 [42]。

[120] 牛欣，陈向东，张古鹏．技术的空间维度溢出与经济追赶——基于省份专利数据和空间计量的验证 [J]. 管理学报，2012，9（4）：535-541.

[121] 李后建，张宗益．金融发展、知识产权保护与技术创新效率——金融市场化的作用 [J]. 科研管理，2014（12）：160-167.

[122] 董昕，刘燕，代斌．金融发展、产业集聚与全要素生产率增长——基于非参数 DEA 方法和面板门限模型估计 [J]. 金融纵横，2015（11）：80-86.

[123] 李平，许家云．金融市场发展、海归与技术扩散：基于中国海归创办新企业视角的分析 [J]. 南开管理评论，2011（2）：150–160.

[124] 李平，崔喜君，刘建．中国自主创新中研发资本投入产出绩效分析——兼论人力资本和知识产权保护的影响 [J]. 中国社会科学，2007（2）：32–42.

[125] 蒋亚飞．对外开放、产业集聚与技术创新 [D]. 杭州：浙江大学，2014.

[126] 袁丹，占绍文，雷宏振．产业集聚对地区技术创新的门槛效应分析 [J]. 生产力研究，2016（7）：22-33.

[127] 申朴，刘康兵．FDI 流入、市场化进程与中国企业技术创新——基于 system GMM 估计法的实证研究 [J]. 亚太经济，2012（3）：93-98.

[128] 杨志国，王军．经济发展水平的地区差异与技术吸收能力关系的实证分析 [J]. 科技和产业，2015（2）：75-80.

[129] ANSELIN L. Spatial econometrics：methods and models [M]. Kluwer：Kluwer Academic Publishers，1988.

[130] 王涛，顾晓雪，等．我国区域科技创新能力与技术产业化分布特征研究 [J]. 科技进步与对策，2016，33（10）：23-27.

[131] 李恒毅，宋娟．新技术创新生态系统资源整合及其演化关系的案例研究 [J]. 中国软科学，2014（6）：129-139.

[132] 李恒毅，宋娟．试论管理与技术创新互动运行模式对企业科技进步与经济发展的影响 [J]. 科技进步与对策，2005（11）：118–119.

[133] 赵超，郑君君，何鸿勇．我国经济增长对环境污染影响的空间计量研究 [J]. 统计与决策，2015（23）：123-126.

[134] FREEMAN C. Networks of innovators：a synthesis of research issues [J]. Research Policy，1991，20（5）：499-514.

[135] AYDALOT P H. Milieux innovateurs en europe GREMI [M]. Gremt：Paris，1986.

[136] HARMAKKORPI V. Building a competitive regional innovation environment：the regional development platform method as a tool for regional innovation policy [M]. Helsinki，Finland：Helsinki University of Technology，2004.

[137] FORMHOLD-EISEBITH M. Innovative milieu and social capital-complementary or redundant concepts of collaboration-based regional development? [J]. European Planning studies，2004，12（6）：747-765.

[138] 许婷婷，吴和成．基于因子分析的江苏省区域创新环境评价与分析 [J]. 科技进步与对策，2013，30（4）：124-127.

[139] 李琳，陈文韬．我国区域创新环境差异的实证分析 [J]. 中国科技论坛，2009（7）：94-99.

[140] 李习保．区域创新环境对创新活动效率影响的实证研究 [J]. 数量经济技术经济研究，2007，24（8）：13-24.

[141] 党文娟，张宗益．创新环境对促进我国区域创新能力的影响分析 [J]. 中国软科学，2008（3）：70-75.

[142] 熊宇．基于社会网络分析（SNA）的区域创新环境关键要素的识别研究 [D]. 合肥：中国科学技术大学，2010.

[143] GRANOVETTER M S. The strength of weak ties [J]. American Journal of Sociology，1973，78（6）：1360-1380.

[144] GRANOVETTER M S. Economic action and social structure：the problem of embeddedness [J]. American Journal of Sociology，1985，91（3）：481-510.

[145] 邬爱其 . 企业网络化成长——国外企业成长研究新领域 [J]. 外国经济与管理，2005(10)：10-18.

[146] 陈学光 . 网络能力、创新网络及创新绩效关系研究 [D]. 杭州：浙江大学，2007.

[147] 池仁勇 . 区域中小企业创新网络形成、结构属性与功能提升：浙江省实证考察 [J]. 管理世界，2005（10）：102–112 .

[148] WASSERMAN S，FAUST K. Social network analysis：methods and applications [M]. Cambridge：Cambridge University Press，1994.

[149] BURT R S. Structural holes：the social structure of competetion [M]. Harvard University Press，1992.

[150] 黄海云 . 区域创新网络的构建及运行研究 [D]. 福州：福州大学，2006.

[151] HSU J Y. A late-industrial district? Learning network in the hsinchu industrial park：Taiwa [D]. Department of Geography University Berkeley. Science-based of California，1997.

[152] KRAATZ M S. Learning by association inter organizational networks and adaptation to environmental change [J]. Academy of Management Journal，1998，41（6）：621-643.

[153] DEMETRIADES P O，MAMUNEAS T P. Intertemporal output and employment effects of public infrastructure capital：evidence from 12 OECD economies [J]. The Economic Journal，2000（465）：687-712.

[154] HENDERSON J V，WANG H G. Urbanization and city growth：the role of institutions [J]. Regional Science and Urban Economics，2007，37（3）：282–313.

[155] SHIN S K，KOOK W. Can Knowledge be more accessible in a virtual network：collective dynamics of knowledge transfer in a virtual knowledge organization network [J]. Decision Support Systems，2014，59（1）：180-189.

[156] 华克思 . 区域产业转移作用机理与发展路径研究——基于皖江示范区的实践 [D]. 合肥：中国科学技术大学，2017.

[157] HAUSMANN R，HWANG J，RODRIK D. What you export matters [J]. Journal of Economic Growth，2007（12）：1-25.

[158] 邓智团 . 新经济条件下产业网络化发展及其启示 [J]. 上海经济研究，2008（12）：63-69.

[159] 盖翊中，隋广军 . 基于契约理论的产业网络形成模型——综合成本的观点 [J]. 当代经济科学，2004（5）：56-59.

[160] 王茂军，柴箐 . 北京市产业网络结构特征与调节效应 [J]. 地理研究，2013，32（3）：543-555.

[161] 李守伟，钱省三 . 产业网络的复杂性研究与实证 [J]. 科学学研究，2006，24（4）：529-533.

[162] 吕康娟，付旻杰 . 我国区域间产业空间网络的构造与结构测度 [J]. 经济地理，2010，30（11）：1785-1791.

[163] 张许杰，刘刚 . 基于复杂网络的英国产业结构网络分析 [J]. 商场现代化，2008（3）：151-152.

[164] 王茂军，杨雪春 . 四川省产业关联网络的结构特征分析 [J]. 地理学报，2011，66（2）：212-222.

[165] 陈长石，刘晨晖 . 金融市场化对地区发展不平衡异质性影响研究 [J]. 统计研究，2016，33（4）：44-49.

[166] FRIEDMAN J R. Regional development policy：a case study of venezuela [M]. Cambrige：MIT Press，1966.

[167] 周慧玲，许春晓 . 基于游记行程的湖南旅游流空间网络结构特征 [J]. 经济地理，2016，36（10）：201-206.

[168] 黄斌 . 北京文化创新产业空间演化研究 [D]. 北京：北京大学，2012.

[169] 相雪梅，赵炳新 . 产业网络核的空间效应及指标体系——以上海市为例 [J]. 经济问题探索，2016（1）：89-93.

[170] 唐运舒，冯南平，高登榜，等 . 产业转移对产业集聚的影响——基于泛长三角制造业的空间面板模型分析 [J]. 系统工程理论与实践，2014，34（10）：2573-2581.

[171] 马铁群，史安娜．金融发展对中国经济增长质量的影响研究——基于 VAR 模型的实证分析 [J]. 国际金融研究，2012（11）：30-39.

[172] CLAUSET A，MOORE C，NEWMAN M E J. Hierarchical structure and the prediction of missing links in networks [J]. Boundary-Layer Meteorology，1994，68（4）：439-442.

[173] LUCAS R. On the mechanism of economic development [J]. Journal of Monetary Economics，1988，22（1）：3-22.

[174] WEI Z，HAO R. The role of human capital in china’s total factor productivity growth：a cross-province analysis [J]. Developing Economies，2011，49（1）：1-35.

[175] 牛冲槐，郭丽芳，樊燕萍．区域科技型人才聚集效应和知识创新研究 [M]. 北京：地质出版社，2010.

[176] JOE TIDD，JOHN BESSANT，KEITH PAVITT. Managing innovation integrating technological，market and organizational change [M]. New York：John Wiley，1997.

[177] NELSON R R. The market economy and the scientific commons [J]. Research policy，2004，33（3）：455–471.

[178] 牛冲槐，接民，张敏，等．人才聚集效应及其评判 [J]. 中国软科学，2006（4）：118-123.

[179] 徐茜，张体勤．基于城市环境的人才聚集研究 [J]. 中国人口 • 资源与环境，2010，20（9）：171–174.

[180] 朱杏珍．浅论人才集聚机制 [J]. 商业研究，2002（8）：65-67.

[181] 兰芳，邓黎桥，董亮．金融人才聚集的空间溢出效应研究——基于空间 Durbin 面板模型的实证分析 [J]. 现代财经，2017（5）：16-24.

[182] 郭晨琛，牛冲槐．人才聚集网络下知识转移的影响因素模型构建 [J]. 统计与决策，2014（9）：16-19.

[183] CARILLI S，HAVLIN S，KIRKPATRICK S，et a1. A model of internet topology using k-shell decomposition [J]. Proceedings of the National Academy of Sciences，2007，104（27）：11150–11154.

[184] ZHANG G Q，YANG Q F. Evolution of the internet and its cores [J]. New Journal of Physics，2008，10（12）：3027–3038.

[185] ALVAREZ HAINELIN J I，DALL ASTA L，BARRAT A，et al. K-core decomposition of internet graphs：hierarchies，self similarity and measurement biases [J]. Networks and Heterogeneous Media，2008（2）：371-393.

[186] 王锐兰，刘思峰 . 发达地区创新人才集聚的驱动机制 [J]. 江苏农村经济，2006，29（3）：49-50.

[187] 牛冲槐，高祖艳，王娟 . 科技型人才聚集环境评判及优化研究 [J]. 科学学与科学技术管理，2007，28（12）：127-133.

[188] DIMITRIS K,CHRISTOPOULOS，TSIONAS E. Financial development and economic growth：evidence from panel unit root and cointegration test [J]. Journal of Development economics，2004（1）：55-74.

[189] 龙海明，凌炼，周哲英 . 现代金融区域辐射力研究——基于长沙对湖南省内其他市州辐射力的实证检验 [J]. 财经理论与实践，2014，35（189）：8-13.

[190] 林晓，韩增林，郭建科，等 . 环渤海地区中心城市金融竞争力评价及辐射研究 [J]. 地域研究与开发，2014，33（6）：7-11.

[191] 焦继文，郭宝洁 . 中心城市科技资源集聚辐射力评价 [J]. 统计与决策，2015（23）：56-59.

[192] 李欣，张平宇，李静 . 黑龙江省三江平原垦区中心城市选择 [J]. 地理科学，2014，34（6）：681-686.

[193] GREEN H I. Hinterland boundaries of New York City and Boston in Southern New England [J]. Economic Geography，1955，10（4）：283-300.

[194] 陈联，蔡小峰 . 城市腹地理论及腹地划分方法研究 [J]. 经济地理，2005，25（5）：629-631.

[195] 闫彦明 . 区域经济一体化背景下长三角城市的金融辐射效应研究 [J]. 上海经济研究，2010（12）：27-36.

[196] 黎平海，王雪 . 珠三角城市金融辐射力实证研究 [J]. 国际经贸探索，2009，25（11）：49-53.

[197] 周孝坤，袁颖，冯钦 . 西部主要城市金融辐射力实证研究 [J]. 经济体制改革，2011（6）：48-52.

[198] 潘竟虎，刘伟圣 . 基于腹地划分的中国城市群空间影响范围识别 [J]. 地球科学进展，2014，29（3）：352-360.

[199] 周一星 . 城市地理学 [M]. 北京：商务印书馆，1995.

[200] 黄金川，刘倩倩，陈明 . 基于 GIS 的中国城市群发育格局识别研究 [J]. 城市规划学刊，2014（3）：37-44.

[201] 邓羽，刘盛和，蔡建明，等 . 中国中部地区城市影响范围划分方法的比较 [J]. 地理研究，2013，32（7）：1220-1230.

[202] 方大春，孙明月 . 长江经济带核心城市影响力研究 [J]. 经济地理，2015，35（1）：76-81，20.

[203] 彭健，陈云谦，胡智超，等 . 城市腹地定量识别研究进展与展望 [J]. 地理科学进展，2016，35（1）：14-24.

[204] 吴清，龚胜生，邓京津 . 基于场强模型的湖北省城市旅游经济腹地格局研究 [J]. 统计与决策，2013（17）：129-132.

[205] 魏伟，高晓，陈莉，等 . 基于引力和场强模型的干旱内陆河流域城乡体系相互作用及空间表达 [J]. 干旱区资源与环境，2012，26（10）：156-161.

[206] 潘竟虎，刘莹 . 基于可达性与场强模型的中国地级以上城市空间场能测度 [J]. 人文地理，2014（1）：80-88.

[207] 邱岳，韦素琼，陈进栋 . 基于场强模型的海西区地级及以上城市影响腹地的空间格局 [J]. 地理研究，2011，30（5）：795-803.

[208] 支大林，于尚艳，2008. 区域金融理论与实证研究 [M]. 北京：商务印书馆 .

[209] 牛冲槐，田莉，郭丽芳 . 科技型人才聚集对区域经济增长收敛的影响分析 [J]. 技术经济与管理研究，2010（2）：63-66.

[210] 牛冲槐，张敏，段治平，等 . 科技型人才聚集效应与组织冲突消减的研究 [J]. 管理学报，2006（3）：303-308.

[211] 刘璇,邓向荣 . 技术空间扩散范围测度研究——以我国四大直辖市为例 [J]. 科学学研究，2010，28（9）：1331-1337.

[212] 王铮，邓岳，葛昭攀 . 理论经济地理学 [M]. 北京：高等教育出版社，2006.

[213] 同 [36].

[214] 曹芳东，黄震方，吴丽敏，等 . 基于时间距离视域下城市旅游经济联系测度与空间整合——以长江三角洲为例 [J]. 经济地理，2012，32（12）：157-162.